はじめての
ピラティス・レッスン

First Pilates Lesson

PILATES YOGA &a　監修

西畑亜美　実演

ナツメ社

はじめに

　ピラティスはそもそも、負傷兵のリハビリテーションのために開発された運動です。そのため運動療法としてもとらえられ、最近では理学療法士さんが患者さんにピラティスの指導をすることも増えてきました。

　では、ケガをしていないとやっても意味がないの？　というと、そうではありません。**ボディメイクやスポーツのパフォーマンスアップなど、幅広いニーズに応える運動ツールとして、ピラティスが活用されています。**

　本書は、これからピラティスをはじめたい、やっているが効果を感じない、と思っている方々へ、スタジオのコンセプトでもある「学んで動く」ことの大切さを知っていただきたいとの願いを込めてまとめました。解剖学や運動生理学に基づいて体系化されたピラティスでは、**身体の構造や正しい動かし方を学んで動いてこそ、より高い効果を発揮するからです。**本書ではエクササイズに加えて解説ページも充実させましたので、少しずつでも学びながら、ぜひそれを実感してみてください。

　本書で紹介するのはマット1枚で行う「マットピラティス」です。専用のマシンを使ったり、道具を使うこともあるピラティスですが、はじめての方でも取り組みやすく、しっかり効果が感じられるようなエクササイズにアレンジしました。

　頭から足先までの体の中で特に重要な6つの骨格・関節に着目し、それを3ステップで整えていくプログラムです。気になる部位や悩みがある方は、まずはそこから。6つすべてを行えば、全身を健やかに整えることができます。全エクササイズに動画も用意しましたので、はじめての方はぜひそちらも活用してください。

　これらを通して**ピラティスを楽しんで、痛みなく、前向きに動ける身体の変化を感じていただければ幸いです。**

PILATES YOGA &a

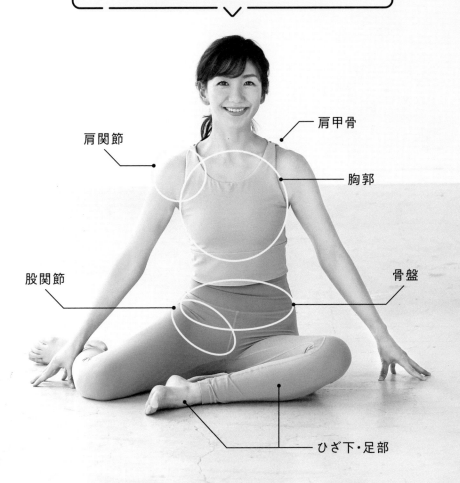

健やかな身体をつくるため
6つの部位にフォーカスしましょう

肩関節

肩甲骨

胸郭

股関節

骨盤

ひざ下・足部

【 この本の使い方 】

本書は、全身を整えるのに特に重要な6つの部位、骨格に
着目してエクササイズを組んでいます。気になる1部位だけでも、
複数部位行ってもOKです。自分にぴったりのピラティス・
レッスンを組み合わせて、楽しみながら身体を整えましょう。

基本の使い方

1
悩みや
気になる部位を
確認する。

▶

2
3ステップの
エクササイズで、
体を整える。

▶

3
自分の体に合わせて、
エクササイズの
レベル（強度）を変える。

最初はレベル1からはじめ、慣れたら2、
3とレベルを上げていきましょう。

目的別の使い方

（ 短い時間で効率的に エクササイズしたい ）

本書の3ステップは、「ストレッチ→骨格
を正しい位置に戻す→その上で動かし鍛
える」流れで、たった3つのエクササイズ
で整うように考えられたプログラムです。
1回3〜5分程度で行うことができます。

（ 気になる部位を整え、 悩みを改善したい ）

特に気になる部位がある方は、3ステップ
に限らず当該部位すべてのエクササイズ
を行ってもOK。また、肩こりなど体の不
調を解消したいときは、部位解説や巻末の
INDEXから引いてみてください。

（ ボディメイク中心に エクササイズしたい ）

ぽっこりお腹やくびれなど、体幹部をスッ
キリとさせたい場合は、「お腹（→P.72）」と
「背中」（→P.79）のエクササイズがおすす
め。レッグラインには「美脚ラインを育てる」
（→P.140）プログラムが◎。

（ 全身を しっかりと整えたい ）

「胸郭」（→P.24）と「骨盤」（→P.86）は、上半
身と下半身それぞれの土台になるので、こ
の2部位はぜひ行ってください。時間が
とれる方は、6部位×各3ステップのプログ
ラムもおすすめです。

エクササイズページの見方

意識したい部位

エクササイズ名と期待できる効果
＊はじめての方でもできるようアレンジした動きもあります。エクササイズ名は本書内の呼称です

流れ
片側1セットの動きで紹介。左右ある場合は、反対側も同じように行いましょう。

レベル
（強度および難易度）
黄色いバーが長いほど高レベルになります。

動画レッスン
スマートフォンなどで二次元コードを読み取ると、エクササイズが動画で確認できます。正しい動きやテンポ感がよりクリアにわかります。

＊動画の視聴には、インターネットにつながる環境が必要です

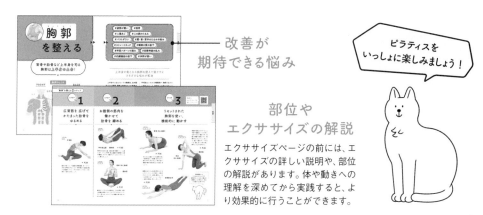

CHECK
正しい動きができているかの目安に、参考にしてください。

注意点
動きの中で特に注意したいポイント。「　」は、伸びる意識、それ以外の矢印は動きの方向を表しています。

BAD
やってしまいがちな間違い。慣れないうちは特に気をつけてみましょう。

バリエーション
「EASY」はより簡単に、「HARD」はより強度を上げた、レベルに合わせたアレンジ法を紹介。

回数の目安
おすすめの回数なので、体調に合わせて無理のないように行いましょう。

改善が期待できる悩み

部位やエクササイズの解説
エクササイズページの前には、エクササイズの詳しい説明や、部位の解説があります。体や動きへの理解を深めてから実践すると、より効果的に行うことができます。

ピラティスをいっしょに楽しみましょう！

CONTENTS

LESSON 1

ピラティスをはじめましょう

LESSON 2

上半身を整える ピラティス・エクササイズ

マーメイド・ストレッチ 28　　カール・アップ 30　　スパイン・ツイスト 32

スフィンクス 34　　フォースタンス・ツイスト 36　　スワン・ダイブ 38

EXTRA EXERCISE
お腹＆背中 体幹集中エクササイズ

LESSON 3

下半身を整える ピラティス・エクササイズ

ペルビック・ストレッチ 90 　　サイ・アップ 92 　　ヒップ・エクステンション 94

テーブルトップ・カール・アップ 96 　　プランク 98 　　サイド・プランク・ウィズ・アームズ・ベンド 100

サイ・ストレッチ 106 　　クラム 108 　　サイド・レッグ・アダクター・リフト 110

グロイン・クランプ 112 　　スタンプ 114 　　ヒップ・ツイスト 116

注意事項

　エクササイズ中に痛みなど何らかの違和感が生じたら、すぐに中止し、医師や専門医に相談してください。
　妊娠中の方、持病をお持ちの方、通院中の方は必ず医師に相談のうえで行ってください。
　体調がすぐれない、ケガをしている、痛みがあるなど、体に不調を抱えている方は無理に行わないでください。また、飲酒時は行わないでください。
　本書の監修者ならびに出版社は、エクササイズを行って生じた問題に対する責任は負いかねます。自己の責任のもとで行うようにしてください。
　エクササイズの効果には個人差があります。

LESSON

1

ピラティスを
はじめましょう

姿勢や呼吸、体の構造など
ピラティスの基本情報をまとめました。
効果的なレッスンを行うために
まずはここからおさえておきましょう。

ピラティスはなぜイイの？

ピラティスは、アスリートやバレエダンサーなど体を使うプロに
人気のエクササイズ。アメリカではリハビリとして
医療現場にも浸透しています。では実際、どのような効果が
あるのでしょうか。見ていきましょう。

体のゆがみが整い 姿勢が美しくなる

体を活発に動かしていた子ども時代は背骨が自然なＳ字カーブを描く本来の姿勢がとれていました。それが大人になると、背中を丸めた姿勢をとりがちだったり、いつも同じ脚を組んでしまったりと、気がつかぬうちに体のクセによって、体にゆがみが生じてしまいます。骨盤や背骨などの骨格を正しいポジションに整える動きで、ゆがみを改善し、体を本来の姿に戻すのがピラティスです。

ボディラインが変わり 太りにくくなる

ピラティスでは特に体の深層部にある筋肉、いわゆるインナーマッスルを鍛えて引き締めます。腹横筋ならウエストにくびれが生まれ、外旋六筋ならお尻がキュッと上がり、内転筋なら脚のラインが改善されるというように、日常の動作だけでは使われにくいインナーマッスルが目覚めることで、ボディラインも変化していきます。

深い呼吸ができるようになり しなやかな筋肉が育つ

普段ストレスにさらされていると、体は過緊張になり呼吸は浅くなりがち。そうした人も、しっかりと呼吸をしながらエクササイズを行うので、緊張がやわらぎ、徐々に呼吸が楽になります。血液に新鮮な酸素が取り込まれると筋肉も活性化し、しなやかな筋肉になっていきます。

体が動かしやすくなり
疲れにくく、痛みがでにくい体に

ピラティスを続けていると、呼吸と運動の相互作用で体幹部がぐんと安定。体幹を軸とした、正しい姿勢がとれるようになり、結果として、大きくスムーズに体を動かせるようになります。歩いたり、走ったりしても疲れにくくなった！　という声も聞かれます。また、ゆがみからくる肩や首、腰などの痛みも解消されていきます。

エクササイズを通じて体の正しい使い方が身につくと、関節の可動域も広がり、スポーツをしている人はケガの予防やパフォーマンスアップにもなります。

体が思い通りにのびのびと動かせるようになり、痛みからも解放されます。すると、気持ちも前向きに、体の変化が自信へとつながります。ピラティスが目指すのは、まさにこの体と心の健やかな調和です。

ピラティスは こんな人に おすすめします

○ 猫背や巻き肩など、
　姿勢が悪いのが気になる人

○ 肩こりや首こり、腰痛などがつらい人

○ 体のゆがみが気になる人

○ 産後、骨盤を整えたい人

○ くびれがない、○脚ぎみなど
　ボディラインが気になる人

○ イライラしやすい人

○ 疲れやすい人

○ 筋力がない人

○ 体がかたい人

○ 便秘や冷えが気になる人

○ 尿もれが気になる人

○ ねんざなどケガをしやすい人

○ スポーツやダンスなどで
　体のパフォーマンスを上げたい人

ピラティスと体の構造

骨の位置や筋肉の動きに意識を向けることで、
エクササイズの効果がいっそう高まります。
体を構成する骨格と筋肉について、その位置関係や名称を知って、
どこを動かしているのかをイメージしながらエクササイズしましょう。

主な骨の名称

FRONT

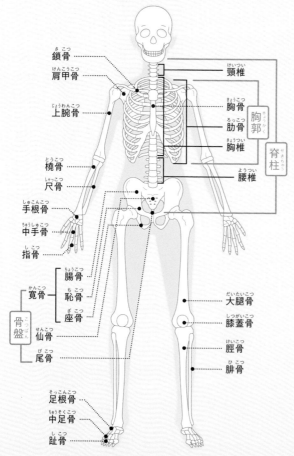

鎖骨
肩甲骨
上腕骨
橈骨
尺骨
手根骨
中手骨
指骨
腸骨
恥骨
座骨
寛骨
仙骨
尾骨
骨盤
足根骨
中足骨
趾骨

頸椎
胸骨
肋骨
胸椎
腰椎
胸郭
脊柱
大腿骨
膝蓋骨
脛骨
腓骨

SIDE

体の中心軸になる背骨（脊柱）

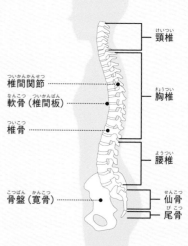

頸椎
椎間関節
軟骨（椎間板）
椎骨
胸椎
腰椎
骨盤（寛骨）
仙骨
尾骨

背骨は椎骨という小さな骨が連なって
できています。椎骨の間には軟骨（椎
間板）と関節があり、それらが連動す
ることでしなやかな動きが生まれます。
「背骨をエロンゲーション（伸張）する」
というのは、椎骨と椎骨の間を広げて
背骨を伸ばした状態のことです。

まず骨格の正しいポジションを理解し、次に周囲の筋肉を確認しましょう。

主な筋肉の名称

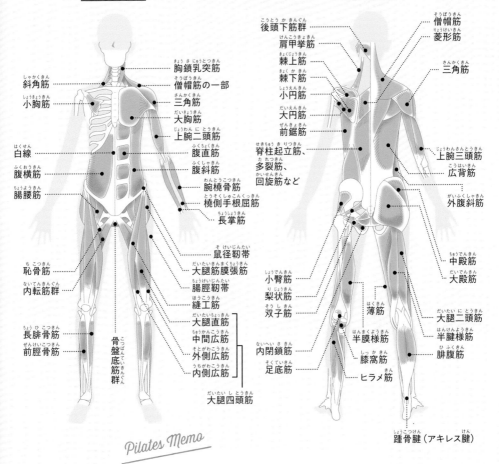

FRONT

斜角筋
小胸筋
白線
腹横筋
腸腰筋
恥骨筋
内転筋群
長腓骨筋
前脛骨筋
骨盤底筋群

胸鎖乳突筋
僧帽筋の一部
三角筋
大胸筋
上腕二頭筋
腹直筋
腹斜筋
腕橈骨筋
橈側手根屈筋
長掌筋
鼠径靭帯
大腿筋膜張筋
腸脛靭帯
縫工筋
大腿直筋
中間広筋
外側広筋
内側広筋
大腿四頭筋

BACK

後頭下筋群
肩甲挙筋
棘上筋
棘下筋
小円筋
大円筋
前鋸筋
脊柱起立筋、多裂筋、回旋筋など
小臀筋
梨状筋
双子筋
内閉鎖筋
足底筋

僧帽筋
菱形筋
三角筋
上腕三頭筋
広背筋
外腹斜筋
中殿筋
大殿筋
薄筋
大腿二頭筋
半腱様筋
腓腹筋
半膜様筋
膝窩筋
ヒラメ筋
踵骨腱（アキレス腱）

Pilates Memo

体の動きを表すことば

次のことばは筋肉や体の動きを表現するのによく使います。

- **内旋** 腕や脚などを内側にひねる動き
- **外旋** 腕や脚などを外側にひねる動き
- **内転** 脚などを体の軸に向かって閉じる動き
- **外転** 脚などを体の軸から離す動き

エクササイズの質を高める 6つのルール

はじめてピラティスに触れる方へ、本書のエクササイズで
特に知っておきたいポイントを6つにまとめました。
次のことを心がけて行えば、姿勢や体の不調の改善、ボディメイク、
ケガの予防など、なりたい体に近づきますよ。

〉RULE **1**

(正しい姿勢を
心がけましょう)

スタートの姿勢や、動きのなかの注意点など、
最初はアナウンスが多いなぁと感じるかもし
れません。これはフォーカスした部位にもっと
も効率よくアプローチできるよう、ひとつひと
つの動きが考えられているからです。
まずはニュートラルの姿勢（→ P.18）を意識す
ることからはじめるとよいでしょう。

〉RULE **2**

(体と動きに
集中しましょう)

自分の体のどの部位の、どの骨格、関節、筋肉
を動かしているのか。イメージ通りに体が動い
ているか。体の声に意識を集中してみてくださ
い。ただ体を動かすよりも、エクササイズの密
度がぐっと高まります。体への意識を高めると、
普段からさまざまな体の変化を、敏感に感じら
れるようになりますよ。

〉RULE **3**

(床にマットを
敷きましょう)

本書で紹介するマットピラティスのエクサ
サイズでは、基本的に道具は必要ありませ
ん。ただし、ポーズをとったときに、骨が床
にあたって痛みを感じることがあります。
ケガを予防するためにも、エクササイズは
マットを敷いて行うとよいでしょう。

＊エクササイズ写真では動きを見やすくするためにマッ
トを除きました。

> RULE 4

（ "インナーユニット"を ）
養いましょう

体の中心を指してコアという言葉をよく聞きますが、ピラティスでは体幹部を「パワーハウス」と呼び、すべての姿勢や動きの土台として重視しています。そしてその中心が「インナーユニット」です。胸郭の下から股関節までの内臓を取り囲む4つのインナーマッスルで、さまざまな動きを通してインナーユニットが鍛えられるようプログラムされています。

4つの筋肉からなるインナーユニット

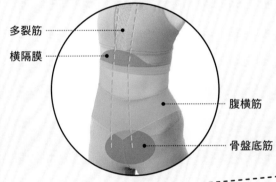

多裂筋
横隔膜
腹横筋
骨盤底筋

> RULE 5

（ 呼吸を止めずに ）
行いましょう

エクササイズは、呼吸を止めずに行います。例えば、体を起こすときに吐く、戻るときに吸うというように、ひとつひとつの動きに呼吸を連動させるのが◎。

インナーユニットのひとつ横隔膜は、呼吸をすることで上下に動く膜状の筋肉です。しっかりと機能させて体幹部の安定を目指しましょう。

> RULE 6

（ 背骨の伸張を ）
しましょう

エロンゲーション

重力による下への力に対して、反対に上へ伸びる動きを、ピラティスでは「エロンゲーション（伸張）」といいます。特に体の軸となる背骨のエロンゲーションは、正しい姿勢を保つために欠かせません。頭のてっぺんが上から吊られているようなイメージで、背骨を引き伸ばしてみましょう。

GOOD

BAD

＊エクササイズページでも、エロンゲーションなどの意識したい伸びの方向を「　」で表現しています

ピラティスと姿勢

反り腰や猫背など、普段の姿勢が気になっている方も多いでしょう。
背筋がスッと伸びた「ニュートラル」な姿勢は
ピラティスの基本です。正しい姿勢を体でおぼえながら
美しい立ち姿、スムーズな体の動きを養っていきましょう。

GOOD

横から見たときに、耳、肩、腰骨、ひ
ざ、くるぶしが一直線になっている
のが理想です。このとき、背骨が自
然なS字カーブを描きます。

BAD 反り腰タイプ

姿勢をよく見せようとして、お腹
が前に出て腰が反りすぎてしま
う人。このタイプは骨盤が前傾
してしまい、腰に負担がかかるう
え、背中に痛みが出ることも。

BAD 猫背タイプ

頭や肩が前に出て、背中が丸まっ
てしまう人は、長時間のデスク
ワークやスマホなどで前かがみ
になるクセが主な原因です。骨
盤が後傾した状態になります。

ピラティスの
基本の姿勢は
ニュートラル
といいます

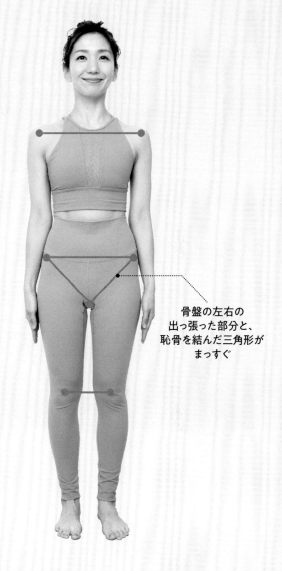

　先に紹介した正しい姿勢は、ピラティスでは「ニュートラル」のポジションといいます。骨盤が左右にも前後にも傾かず、背骨が自然なS字カーブを保っている、それに伴って首や肩などそれぞれの骨格が正しい位置にある状態です。仰向けや四つんばいなど、どんな姿勢のピラティスでもこのニュートラルのポジションが基本になります。特に動きはじめには必ず、骨盤や背骨がニュートラルになっているか確認しましょう。

POINT
骨盤のニュートラルがつかめない場合は、「ペルビック・ストレッチ」（→ P.90）を試してみましょう。骨盤の前傾、後傾を行い、その中間辺りがニュートラルの目安になります。

骨盤の左右の
出っ張った部分と、
恥骨を結んだ三角形が
まっすぐ

仰向けでも
ニュートラルが基本

ニュートラルでは腰椎が自然にカーブした状態なので、仰向けの場合は、腰と床の間にすき間ができます。

ピラティスと呼吸

深い呼吸を、動きと連動させながら行うのがピラティスです。
エクササイズに入る前に基本の呼吸法を紹介します。
それぞれのエクササイズにも「吐く」「吸う」など
呼吸の目安を入れているので、少しずつ慣れていきましょう。

吸う

風船のように肺を膨らませるイメージで、鼻から深く息を吸います。肋骨に手をあてると、肋骨が上、横、後ろに広がるのを感じます。

吸う

PRE-EXERCISE

1

**深い呼吸のための
プレエクササイズ**

呼吸を司る横隔膜を、
正しいポジションにした状態で
呼吸をくり返すエクササイズです。

吐く　吸う

ひざから肩まで斜め一直線になるポジションで足の裏を壁につける。深い呼吸を10回くり返す。

鼻から吸い
口から細く長く
吐きましょう

ピラティスの呼吸では鼻から吸って、口から吐くのが基本です。胸まわりの骨格・胸郭（→P.26）を広げながらたっぷりと吸い込んだ後、今度は胸郭をすぼめるようにしてすべてを吐き切る、これをくり返して新鮮な空気を体に循環させます。さらに、体幹のインナーユニット（横隔膜、腹横筋、多裂筋、骨盤底筋）が呼吸によって同時に収縮することで、より安定した体の土台に育ちます。

FRONT

吐く

風船から空気を抜くイメージで、口から細く、長く息を吐きます。肋骨に手をあてると、開いた肋骨が閉じていくのを感じます。

おへそを後ろに引き込み
お腹を薄くする

吐く

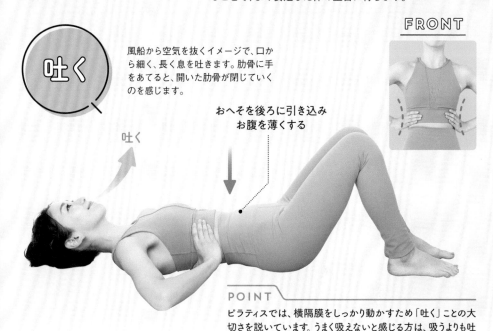

POINT

ピラティスでは、横隔膜をしっかり動かすため「吐く」ことの大切さを説いています。うまく吸えないと感じる方は、吸うよりも吐く時間を長く、吐くごとにお腹を薄くするイメージで呼吸するとよいでしょう。

PRE-EXERCISE

2

背中を丸めて呼吸をし、横隔膜の動きを促します。背中全体に空気を入れる意識で行いましょう。

吸う

四つんばいになり、背中を丸めて鼻から息を吸う。背中を風船のように膨らませるイメージで。

吐く

細く、長くを意識しながら、口から息を吐き切る。10回くり返す。

21

ピラティスとは

「ピラティス」は、このエクササイズを考案した
ジョセフ・ピラティス氏から名づけられました。
改めてピラティスの歩みをたどり、その理論や目指すものに触れて
エクササイズへの理解を深めましょう。

ジョセフ・ピラティスは1880年（1883年という説も）、ドイツで生まれました。体操選手と自然療法師を両親に持つピラティスは、病弱だったこともあり、幼いころから健康や体づくりに関心を寄せていたといいます。

30代になったピラティスは第一次世界大戦時中に捕虜となり、イギリスのマン島の収容所で従軍看護師となりました。戦争で傷を負った兵士たちのリハビリとして考えたエクササイズや器具が、現在のピラティスの原点です。コントロロジーと名づけられたこのメソッドは、実は島内に住む猫たちがストレッチする姿、しなやかで俊敏な動きもヒントにしていたという話も残っています。もちろん、それまで培ってきたさまざまなスポーツやヘルスケアの実践、解剖学の知識をベースに体系づけられていきました。

その後渡米したピラティスが、1926年、ニューヨークにスタジオを開くと、瞬く間に評判が広がり、ダンサー、映画俳優、医師などさまざまな人々がスタジオに詰めかけました。1967年、ピラティスは86歳で生涯を終えましたが、多くの教え子たちによって彼の精神は継承されつづけています。

ピラティスは生前、著書『Return to Life』のなかでこんな言葉を残しています。「*運動（エクササイズ）するときはいつでも正しい動きをすることに意識を集中しよう。（中略）考えなくても体が動くレベルにまで達すると、日常の動作にも優雅さとバランスが備わる」と。

コントロロジーとは
体、頭、精神の完全な
調和を目指すもの

ジョセフ・ピラティス

LESSON

2

上半身を整える
ピラティス・エクササイズ

上半身の土台「胸郭」、
こりやすくかたまりやすい「肩甲骨」、
痛みにつながりやすい「肩関節」。
3つの骨格にフォーカスして上半身を整えていきましょう。

胸郭を整える

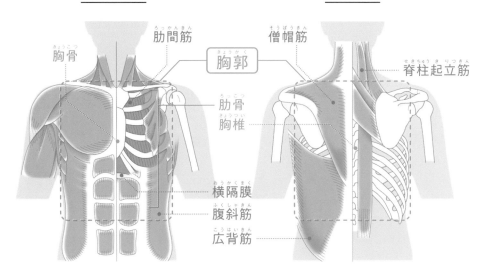

背骨や肋骨など上半身を司る
胸郭は上半身の土台！

胸郭のしくみ

FRONT　　　　　　　　　　　　　BACK

胸骨（きょうこつ）
肋間筋（ろっかんきん）
胸郭（きょうかく）
肋骨（ろっこつ）
胸椎（きょうつい）
横隔膜（おうかくまく）
腹斜筋（ふくしゃきん）
広背筋（こうはいきん）

僧帽筋（そうぼうきん）
脊柱起立筋（せきちゅうきりつきん）

#姿勢が悪い #猫背

#二重あご #二の腕のたるみ

#バストダウン #肩・首・背中のたるみや痛み

#ストレートネック #睡眠の質の低下

#呼吸パターンの崩れ #自律神経の乱れ

#内臓機能の低下 #体幹が弱い

上半身の要となる胸郭を整えて動かすと さまざまな悩みが解消

　上半身の土台ともいえる**胸郭は、左の図のように胸骨、胸椎、肋骨の3つの骨格で構成されています。**

　デスクワークが多く、スマホを頻繁に見るようなライフスタイルでは、自然と前のめりになる「スマホ姿勢」になりがちです。これが正に"胸郭が崩れた状態"。常態化すると、二の腕、バスト、肩・首・背中と少しずつたるみが生じて、ボディラインが崩れやすくなります。

　加えて、腕を振って歩く機会が少なく、**日常的に胸郭をまわす（回旋）動きも減少。胸郭の可動が鈍ることで背中側の筋肉が縮まり、肋骨が本来よりも開きがちに。**ここに密接に関わってくるのが「呼吸」です。

呼吸筋といわれる横隔膜が、胸郭を広げたり縮めたりして、空気の入れ替えを行っています。横隔膜が正しく機能しない状態が続くと、呼吸パターンが崩れ、自律神経の乱れや内臓機能の低下、睡眠の質の低下を引き起こす原因になります。

　胸郭の乱れを整えて、スッキリしたボディラインを目指しながら、内的な不調も解消していきましょう。

　胸郭の3ステップは、開いた肋骨を適度に締めて正しい位置に戻してから、胸椎をはじめとする胸郭全体を動かすプログラムです。首を支える頚椎までカバーしているので、ストレートネックなど首が気になる方もぜひ続けてみてください。

STEP 1

広背筋を 広げて かたまった肋骨を ゆるめる

LEVEL

広背筋

→ P.28

動きが鈍くなった胸郭の準備運動。ゆったりと大きな呼吸をすることで、背中側から脇腹を覆う広背筋をストレッチできます。かたまった肋骨を一度ゆるめましょう。

STEP 2

お腹側の筋肉を 働かせて 肋骨を 締める

LEVEL

脊柱起立筋　腹斜筋　→ P.30

背中をゆるめた後、お腹を使う動きでコアを鍛えます。さらに背骨(特に胸部分の胸椎から首の頸椎にかけて)を動かして、正しいポジションに整えましょう。

LEVEL

背骨(特に胸椎)

腹斜筋

→ P.32

背骨をツイストさせる動きは、ひねる際にお腹と骨盤を安定させたうえで行うのがポイントです。深くねじらなくても、脇腹を使う感じが出ればOK！

STEP **3**

胸郭の
エクササイズを
通してチェック！

胸郭

リセットされた
胸郭を使い、
機能的に 動かす

LEVEL

背骨（特に胸椎）

→ P.34

太ももにお腹をつける姿勢を保って肋骨を正しい位置に収めながら、胸を天井に向けるよう伸びます。胸椎が締まる気持ちよさを感じましょう。

LEVEL

胸郭の回旋（まわす）は、上半身の基礎をつくるためにも欠かせない動きです。お腹と骨盤を安定させて、背骨をねじるようにしましょう。開いた胸をキープするには、頭にあてた手を前に押すようにするのが◎。

→ P.36

背骨
（特に胸椎）

腹斜筋

胸郭はもちろん全身を整えられるピラティスらしさの詰まった動きのひとつです。お腹と腰をしっかりと安定させて、シーソーのように全身を前後にゆらしましょう。

→ P.38

背面側全体

LEVEL

難易度違いの
3つのエクササイズです。
無理のないレベルを1つ選ぶか、
胸郭をしっかり整えたい方は
3つ続けてもOKですよ。

27

マーメイド・ストレッチ

たっぷり空気を取り込み
気分スッキリ

ここを使おう！

こんな悩みに　呼吸が浅い、気持ちがふさぐ、姿勢が悪い

START
スタート・
ポジション
POSITION

左脚を体の前に、右脚を体の横に
曲げて座る。両手は自然に体の横
に置く。座骨を床につけるように座
ると安定する。息を吸って準備。

90°くらいに

動画で
動きを確認！

1 上体をひねりながら 背中を丸める

上体を左にひねり、背中を丸めながら
両手を左斜め前につけ、遠くに伸ばす。
息を吐きながら手で床を押してさらに
遠くへ。

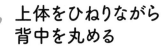

☑ CHECK
脇の下が伸びている
感じがあればOK

みぞおちを斜め上に
突き上げるイメージ

吐く

小指を床につけ、
親指を天井に向けて軽く床を押す

吸う

ペンダントのヘッドを
空に向けるイメージ

2 胸を開き 上体を反らす

息を吐きながら、頭を上げて上体
を反らす。1、2をくり返す。

◀ 左右各 5～10 回

カール・アップ

開いた肋骨を
正しいポジションに

こんな悩みに 体幹が弱い、二重あご

ここを使おう！

START
**スタート・
ポジション**
POSITION

仰向けになってひざを立てる。足の裏は床から離れない位置に、骨盤の三角形はニュートラルにセットする。息を吸って準備。

こぶしひとつ分
あける

耳、肩、腰を
一直線上に

骨盤は
ニュートラル

足の裏をべったりと
床につける

両腕を上げる

指先を天井に向けて両腕を引き上げる。

肩が上がらないよう、
鎖骨を少し開く意識で

VARIATION
EASY

トレーニングをはじめたばかりの方は、強度を少し弱めてチャレンジを。

1 両手を頭の後ろに
添える。

2 息を吐きながら、
ペンダントヘッドを
おへそにしまうように
頭を起こす。
吐ききったら吸いながら
ゆっくり戻る。

2 両腕を前に伸ばしながら起き上がる

両手を太ももの上に下ろし、息を吐きながら、ひざに向かってスライドさせて頭と肩を起こす。

吐く

☑ CHECK
お腹にしっかり力が
入っていればOK

背骨をひとつずつ
丸めるイメージで起きる

骨盤は
ニュートラルを保つ

3 ゆっくり戻る

息を吸いながら、ゆっくり戻る。
2、3をくり返す。

吸う

◀ 10 回

胸郭
— CHEST

STEP **1**
広げる □

STEP **2**
締める □□

STEP **3**
動かす □

スパイン・ツイスト

かたまった背骨に
なめらかさを取り戻す

こんな悩みに　肋骨の開き、姿勢が悪い

ここを使おう！

スタート・ポジション
START POSITION

座骨を床につけるように座り、ひざを曲げて足の裏を合わせる。手のひらを胸元で合わせる。息を吸って準備。

肩の力は抜く

足の裏を合わせる

耳、肩、腰を
一直線上に

SIDE

背骨は自然な
S字を描く

床に対して骨盤を立てる
イメージで座ると、
自然に腰や背中が伸びる

BAD

骨盤が後ろに傾くと、
腰が落ちて背中が丸
まってしまいます。

1 上体を右にひねる

息を吐きながら上体をゆっくりとひ
ねる。吸いながらゆっくり正面に戻
る。左右交互にくり返す。

吐く

背骨全体でツイストする
イメージ

> ☑ CHECK
> 脇腹の筋肉（腹斜筋）を
> 使う感じがあればOK

BAD

ひねることを意識しすぎ
ると手や首だけ先に動い
てしまい、軸がぶれてしま
います。背中の軸（背骨）
を中心にていねいにひね
ると、肋骨下部の筋肉が
整います。

ひざが
上がる

手や首だけ
まわす

◀ 左右交互に 5 回

33

スフィンクス
胸を開いて
デコルテラインを美しく

こんな悩みに　首こり、猫背、姿勢が悪い

ここを使おう！

START
**スタート・
ポジション**
POSITION

正座から上半身を前に倒し、お腹と太ももをつける。ひじから下を床にべったりとつける。息を吐いて準備。

肩幅にひらく

お尻をかかとに
つけるイメージ

VARIATION
EASY

背を反らして胸椎を伸ばす感覚がつかみにくい方は、まずはあごを上げる動きでOK。猫背の方は特に胸椎の動きがかたくなりがちなので、簡単な動きで体を慣らしていきましょう。

1 鎖骨を天井に向ける

息を吸いながら、鎖骨辺りを天井に向けるイメージで伸びる。吐きながらゆっくり戻る。

> ☑ CHECK
> 首の下辺りの骨（胸椎）に
> 締まりを感じればOK

目線は上へ

吸う

首に下げたペンダントヘッドを
空に向けるイメージ

手でマットを自分のほうに
引き寄せるイメージ

◀ スタートに戻り**5**回

胸郭
— CHEST

STEP **1**
広げる

STEP **2**
締める

STEP **3**
動かす

フォースタンス・ツイスト
背骨をひねり
美しい立ち姿へ

こんな悩みに　背中のたるみ、姿勢が悪い

ここを使おう！

START
スタート・
ポジション
POSITION

四つんばいになり、つま先を立て
る。手は肩幅に、ひざはこぶしひ
とつ分程度あける。背中はまっす
ぐを意識して、手足に均等に体重
をかける。

肩幅にひらく

こぶしひとつ分
あける

つま先を立てる

BAD

ひざがずれてしまうのは、
上体をひねりすぎている
サイン。また、体をひねら
ず、顔だけ上げるのもやっ
てしまいがちです。

顔だけ
上げる

ひざがずれる

36

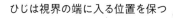

動画で
動きを確認！

ひじは視界の端に入る位置を保つ

吸う

1 左手を頭にあてる

左手を頭の後ろに沿わせる。息を
吸って準備。

ついた手で床を押す

胸郭

STEP
3

吐く

☑ CHECK
背骨側（胸椎）の
ひねりを感じればOK

頭が落ちないように
頭と手を押し合う

背骨は軸を保ったまま
ねじるイメージ

2 上体をひねり
天井を向く

息を吐きながら、上体をひねって
天井へ向く。胸を開くイメージで。
吸いながらゆっくり *1* に戻り、く
り返す。

骨盤は
ニュートラルを保つ

頭の後ろに手を置く
ことで姿勢が保ちに
くいと感じる方は、額
に手をあてて行っても
OKです。

◀ 左右各*5~10*回

37

スワン・ダイブ
全身の動きで
引き締まった立ち姿へ

ここを使おう！

こんな悩みに 肩こり、猫背、背中のたるみ、たれ尻

START
スタート・ポジション
POSITION

うつ伏せになり、両腕を上に伸ばす。肩はリラックスさせ、骨盤の三角形をニュートラルにセットする。息を吸って準備。

こぶしひとつ分
あける

小指を床につけ、
親指を天井に向ける

VARIATION
EASY

1 の動きがむずかしいと感じる方は、腕を上げずに行ってみましょう。手で床を押す力を使って上体を起こします。

1 手をついたまま、
上体を起こす。

2 戻った流れで、
両脚を上げる。

1 両腕を上げ 上体を起こす

息を吐きながら、両腕を上げてさら
に上体を引き上げる。

頭が下がらないように

吐く

お腹を薄くする

2 上体を戻し 両脚を上げる

息を吸いながら戻り、そのままの流
れで吐きながら両脚を上げる。吸い
ながら戻る。シーソーのように *1*、
2 をくり返す。

吸う

足先を後方に
遠くへ伸ばすイメージで

お腹を薄いまま保つ

✓ CHECK
シーソーのように前後に
スムーズに動ければOK

◀ *5〜10* 回

39

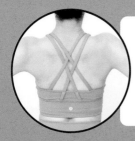

肩甲骨
（けんこうこつ）

を整える

意識して大きく動かさないと
こりやすくかたまりやすい

肩甲骨のしくみ

BACK

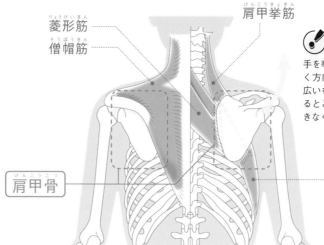

菱形筋（りょうけいきん）

僧帽筋（そうぼうきん）

肩甲挙筋（けんこうきょきん）

肩甲骨（けんこうこつ）

前鋸筋（ぜんきょきん）

手を挙げるときに、肩甲骨が動く方向。骨の中でも可動域が広いものの、ポジションが崩れるとこの動きがスムーズにできなくなることが多い。

#猫背　#巻き肩　#二の腕のたるみ

#バストダウン　#肩・首・背中のこり

#呼吸が浅い

肩甲骨を正しい傾きと位置に戻して
猫背、肩のこりを解消

　肩甲骨は、背中の上方にある大きな平べったい2つの骨です。左の図のように僧帽筋、肩甲挙筋、肋骨と肩甲骨を結ぶ前鋸筋などの筋肉が動かしています。また、肋骨に付着していることから、**胸郭とも深いつながりがあり、肩甲骨を寄せるときに胸椎も一緒に動くなど、胸郭のポジションに依存している骨ともいえます。**

　肩甲骨は本来大きく動く骨格です。でも普段の生活ではあまり大きく動かさないので、周囲の筋肉はかたくなりがち。さらに、長時間のスマホ利用やデスクワークをしている多くの人は、肩甲骨が前に傾きすぎていて、外側に広がったいわゆる猫背の状態になっています。その場合、肩のポジションがずれやすくなり、痛みを伴うことがあ

ります。さらに、二の腕のたるみやバストダウンのほか、肩や首、背中のこりにつながることも。また、肩が内側に入っていたり、前に出ているという人は、肩甲骨の角度や開きが適切でない可能性があります。

　正しい肩甲骨の位置は、背骨から指3本分といわれています。それ以上開いている場合や前に傾きすぎている場合には要注意。

　肩甲骨の傾きや開きをリセットするため、肩甲骨まわりの筋肉をほぐし、スムーズな動きを取り戻すエクササイズをしていきましょう。**もし動きやポーズがとりにくい場合には、上半身の土台から見直すつもりで、胸郭のエクササイズ（→P.28）も合わせて行ってみてください。**

41

"肩甲骨"を整える **3** ステップ

STEP **1**

かたまった 肩甲骨のまわりを ほぐす

▼

LEVEL
□

肩甲骨

僧帽筋

前鋸筋

→ P.44

頭を腕の間に沈めるような動きで、肩甲骨まわりをストレッチしながら、前傾した肩甲骨を正しい角度に整えていきます。

POINT

最後に細かくバウンドさせる動きを入れます。「動的ストレッチ」といい、反動を利用して関節の可動域を広げたり、筋肉の血流を促すのに役立ちます。

STEP **2**

肩甲骨を ぎゅっと 寄せて 正しいポジションへ

▼

LEVEL
□□

僧帽筋
菱形筋

肩甲骨

前鋸筋

→ P.46

地面を強く押す反動を肩に受けることで、肩を正しい位置にはめながら、肩甲骨を寄せることができます。腕の角度と向きが重要なので、スタートポジションは特に気をつけてセットしましょう。

LEVEL
□□

僧帽筋
菱形筋
背骨
（特に胸椎、頸椎）

肩甲骨

→ P.48

僧帽筋を使って肩甲骨を寄せつつ、さらに上体を起こす動きもプラス。胸郭の改善とコアの強化にもつながります。

肩甲骨の安定性を
上げる

LEVEL

前鋸筋

→ P.50

手でしっかり床を押すことで、前鋸筋がしっかりと使われて肩甲骨への安定感が生まれます。

LEVEL

ついたほうの手で肩甲骨を安定させ、上げたほうの手は肩甲骨のスムーズな動きを促します。背骨をひねるのでコアの強化にもつながる一石三鳥のエクササイズです。

→ P.52

僧帽筋

肩甲骨

前鋸筋

僧帽筋

前鋸筋

肩甲骨

LEVEL

足先と手だけで体を支えるので、全身の筋力やコアを養うのにも役立ちます。ついた手で床を押しながら、上げた手は肩甲骨を大きく動かす意識で、しっかりと伸ばしましょう。

→ P.54

肩甲骨
— SCAPULA

ここを使おう！

ラッツ・ストレッチ
かたまった肩甲骨を起動させる

こんな悩みに　肩こり、首こり、呼吸が浅い

スタート・ポジション
START POSITION

四つんばいになり、つま先を立てる。手は肩幅に、ひざはこぶしひとつ分程度あける。背中はまっすぐを意識して、手足に均等に体重をかける。自然に呼吸して準備。

肩幅にひらく

こぶしひとつ分あける

つま先を立てる

お尻を後ろに引く

息を吸いながら、手はなるべく遠くにつき、お尻をかかとにつけるよう後ろに引いていく。

お尻をかかとにつけるように

吸う

カップハンド（指を立てる）にする

動画で
動きを確認！

後方に伸びながら
胸を床にふせる

息を吐きながら胸を床に近づけるように、後ろ
に伸びる。吐くごとに深く伸びるのを感じなが
ら呼吸する。最後に肩まわりを軽くバウンド（上
下にはずませる）させる（10回）。

後方に伸びるイメージを
大切に

5呼吸キープ

顔を上げ
目線は天井方向に

指のはらで
床をしっかり押す

☑ CHECK
背骨上部（胸椎）が沈み、
肩から脇周辺が
伸びる感じがあればOK

BAD

よくやってしまうのは、胸を床に
つけようとするあまりお尻が上
がってしまうこと。腰が反れて痛
める原因になるうえ、ストレッチ
の効果も薄れてしまいます。ポー
ズがとれない方は、「胸郭」のエク
ササイズを行うとよいでしょう。

お尻を上げすぎると
腰が反る

◀ 1~3回

肩甲骨

STEP
1

45

ソレイテス・アンテリア

デコルテと
肩ラインを整える

こんな悩みに 　肩こり、首こり、巻き肩、呼吸が浅い

ここを使おう！

スタート・ポジション
START POSITION

吸う

四つんばいになり、足先をねかす。手は肩幅より大きく、ひざはこぶしひとつ分程度あける。背中はまっすぐを意識して、手足に均等に体重をかける。息を吸って準備。

こぶしひとつ分
あける

FRONT

腕を外側にねじり、
ひじの内側を前に向ける

手は肩幅より
外側につく

45°くらい

指先は外側に向ける

1

手で床を押し
肩甲骨を寄せる

息を吐きながら、手のひら全体で床を
外側に向かって押し、肩甲骨を寄せる。
吸いながら戻る。呼吸のスピードで、
寄せる↔ゆるめるをくり返す。

> ☑ CHECK
> 床を押した力で
> 肩甲骨の間と肩が
> 締まる感じがあればOK

頭の位置は
変えない

吐く

FRONT

床を引き裂くイメージで
しっかりと押す

BAD

1 のとき、肩が沈むのを感じる
と、頭まで落ちてしまうことが
よくあります。頭は動かさない
ように意識しましょう。

頭が
落ちる

◀ **30** 回

肩甲骨
— SCAPULA

STEP 1
ほぐす

STEP 2
寄せる

STEP 3
上げる

バック・エクステンション・プローン

背中をギュッと寄せて
上体を引き締める

ここを使おう！

こんな悩みに　肩こり、首こり、巻き肩、呼吸が浅い

START
スタート・
ポジション
POSITION

うつ伏せになり、両腕を背中にまわして指を組む。肩はリラックスさせ、骨盤の三角形をニュートラルにセットする。息を吸って準備。

後ろで指を組む　　　　　　　　　こぶしひとつ分あける

吸う

VARIATION
EASY

後ろ手に組むのがむずかしい方は、手を体に沿わせたポジションでスタートしましょう。

1　腕は体に沿わせ、
手のひらは太ももにつける。

肩甲骨を寄せて
上体を起こす

息を吐きながら、組んだ両手を後ろに伸ばして
肩甲骨を寄せ、顔を前に向けて上体を引き上げ
る。吐ききったら、吸いながらゆっくり戻る。

上体は背骨をひとつずつ
反らすように起こす

☑ CHECK
背中側が締まり、
胸が開いたと感じればOK

吐く

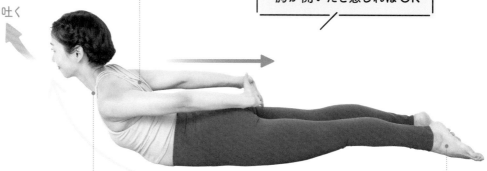

首に下げたペンダントヘッドを
空に向けるイメージ

足先を後方に遠くへ
伸ばすイメージで

2 腕は体に沿わせたまま、
上体を起こす。

◀ スタートに戻り *10*回

49

ヒップ・ダウン

肩甲骨の安定性を高める

ここを使おう！

こんな悩みに　肩こり、姿勢が悪い、肋骨の開き

スタート・ポジション
START POSITION

四つんばいになり、つま先を立てる。手は肩幅に、ひざはこぶしひとつ分程度あける。背中はまっすぐを意識して、手足に均等に体重をかける。自然な呼吸で準備。

肩幅にひらく

こぶしひとつ分あける

つま先を立てる

肩や首に余計な力を入れない

1 胸に手をあてる

左手を胸にあてる。

ついた手で床をしっかり押す

動画で
動きを確認！

肩甲骨

STEP 3

2 お尻を後ろに引く

息を吐きながら、かかとをつけるように、お尻を後ろに引く。吸いながら1に戻り、くり返す。

☑ CHECK
ついている手の、腕から肩甲骨にかけての筋肉に刺激があればOK

吐く

肩と骨盤の平行を意識して動くと上体の軸がぶれにくくなる

ついた手で床をしっかり押しつづける

BAD

このエクササイズでは支えるほうの腕を特に大切にしましょう。NG写真のように肩甲骨が上がっているのは、肩甲骨を安定させる筋肉（前鋸筋）が使えていない証拠。上体を引き上げつつ、ついた手でしっかり床を押すように心がけて。

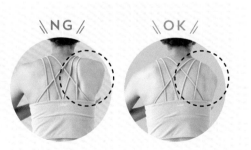

\NG/　\OK/

◀ 左右各 **10〜20** 回

肩甲骨
— SCAPULA

スキャピラー・ジャイレイション
肩甲骨〜肩まわりを
安定させて動かす

こんな悩みに　肩こり、巻き肩、猫背

ここを使おう！

START スタート・ポジション POSITION

四つんばいになり、つま先を立てる。手は肩幅に、ひざはこぶしひとつ分程度あける。背中はまっすぐを意識して、手足に均等に体重をかける。息を吸って準備。

こぶしひとつ分あける

肩幅にひらく

つま先を立てる

肩や首に余計な力を入れない

1 左腕を上げる

ひじを伸ばしたまま、左腕を床と平行（手の先が視界の端に入るくらい）に上げる。

ついた手で床をしっかり押す

左腕をさらに上げて
肩甲骨を寄せる

息を吐きながら、胸を開くように上
体をひねって左腕を上げ、肩甲骨を
寄せる。吸いながらゆっくり *1* に戻
り、くり返す。

目線は手を
追いかける

☑ CHECK
体の軸がぶれずに
腕が上げられればOK

吐く

骨盤は床と平行に
ニュートラルを保つ

ついた手で床を
しっかり押す

両ひざに体重を
均等にのせる

BAD

レベル1のエクササイズ（P.50）
と同様、肩甲骨横の筋肉（前
鋸筋）を働かせながら行うの
がポイントです。

肩甲骨が上がって
筋肉が使えていない

床を押していない

◀ 左右各*10*回

サイド・プランク

全身をピンと伸ばして
美しいシルエットに

ここを使おう！

こんな悩みに 肩こり、体幹が弱い、腰痛

START スタート・ポジション POSITION

人魚のように脚を伸ばして横向きになる。ひざを伸ばして両脚をそろえる。右手は肩より手のひらひとつ分外側につく。息を吸って準備。

上側の足先を前に出す

手のひらひとつ分あける

指先は体の外側を向ける

吐く

1 骨盤を持ち上げる

息を吐きながら、ついた手と足で床を押して骨盤を持ち上げ、左手も上げる。

足先を遠くへ伸ばすイメージで

手で床を押しひじはまっすぐ伸ばす

2 手を伸ばし
一直線を描く

1 の流れのまま左手を頭上まで伸ばす。

> ☑ CHECK
> **頭上と足先が一直線になり、**
> **下側のお腹に効いている**
> **感覚があればOK**

顔は
正面を向ける

足先から指先まで
一直線をイメージ

吐ききるまでキープ

手で床をしっかり
押しつづける

肩が上がらない
ように

吸う

3 ゆっくり下ろす

息を吸いながら、床すれすれまで
ゆっくり下ろす。*1* に戻り、くり
返す。

腰は床すれすれまで下ろす

◀ **左右各5〜10回**

肩関節を整える

日常的に使うことが多い肩関節は
位置がずれたままだと痛みに発展

肩関節のしくみ

FRONT

大胸筋
三角筋
鎖骨
肩関節（肩甲上腕関節）
小胸筋
上腕骨
前鋸筋

鎖骨
BACK
僧帽筋

肩関節
三角筋
肩甲骨
上腕三頭筋

棘上筋
棘下筋
小円筋
大円筋

肩甲下筋
＊肩甲骨の前側
菱形筋

#猫背　#巻き肩　#肩のつまり感や痛み

#肩こり　#四十肩　#五十肩

#二の腕のたるみ

つまり感や痛みがあると
生活に支障が出やすい

主に上腕骨、肩甲骨、鎖骨の骨をつないでいるのが肩関節です。体のなかでもとても複雑な構造をしている部位で、三角筋や棘上筋、棘下筋、小円筋、肩甲下筋などの筋肉によって支えられています。

左の図のように、カップ状の関節面に球状の関節面がはまっている構造なので、腕を上げたり、ひねったりなど**自由に動かすことができます。ただその反面、不安定で、はずれやすく、動かしすぎて痛みが出たり、腕が上がらなくなるなど、ツラい症状につながることがあります。**

ただし、肩の不調＝肩そのものと判断するのは早急です。**例えば肩が内側に入る巻き肩なら、実は土台となる胸郭が崩れていることがほとんど。**肩に不調を感じる方は、

胸郭も合わせて整えていきましょう。

姿勢が悪いまま動かして、肩のインナーマッスルが働きにくくなることが、肩の不調の原因のひとつです。すると肩が本来の位置からずれてしまい、不安定さが増してつまり感や痛みが引き起こされます。それを放置したままにしていると、肩関節周辺組織がかたくなり、腕が上げにくくなってしまうのです。

肩のつまり感や痛みを軽減させ、巻き肩、四十肩、五十肩の予防のためには、正しい姿勢でインナーマッスルを働かせ、関節を安定した位置で動かすことが大切です。土台となる胸郭、肩甲骨との連動性を促すエクササイズを行いましょう。

STEP 1

筋肉を ほぐし てゆるめ、前にずれた 肩まわりを整える

LEVEL ▢

肩甲骨

大胸筋
小胸筋

→ P.60

大胸筋や小胸筋など肩関節まわりの大小の筋肉をストレッチします。巻き肩ぎみの方は特に、自分の体重を負荷にして胸の前側を気持ちよく伸ばしましょう。

STEP 2

胸を押し出す動きで 肩関節を 正しく はめる

LEVEL ▢▢

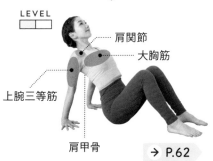

肩関節
大胸筋
上腕三等筋
肩甲骨

→ P.62

巻き肩だと縮こまりがちな胸の前を、鎖骨を長く伸ばす意識で気持ちよくリリース。二の腕の筋肉を意識して、地面を強く押して負荷をかけ、肩を正しい位置へ整えます。

LEVEL ▢▢▢

肩甲骨
肩関節
僧帽筋
菱形筋
大胸筋

→ P.64

肩関節とそこにつらなる肩甲骨の連動性を養うエクササイズです。胸郭を整えて肩甲骨を寄せる動きのときに、肩関節を正しいポジションに戻します。

肩関節の
エクササイズを
通してチェック！

肩関節を正しい位置に 保ちながら 肩まわりの機能性を高める

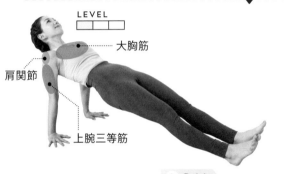

LEVEL

大胸筋

肩関節

上腕三等筋

→ P.66

胸の前側を伸展させて、肩関節を正しいポジションで使います。かかとと手のひらで全体重を支えるので、コアの強化とともに、全身の筋力をバランスよく養うこともできます。

LEVEL

肩甲骨　僧帽筋

肩関節　前鋸筋

→ P.68

腕の上げ下げをくり返し、肩関節と肩甲骨の連動性を高めるエクササイズです。腕を上げるための筋肉（僧帽筋や前鋸筋）にアプローチするので腕がしっかり上がらない方や、肩甲骨を寄せるので肩甲骨が開いている方におすすめです。

LEVEL

背骨（頸椎と胸椎）

肩甲骨

大胸筋
小胸筋

肩関節

→ P.70

胸を伸ばし、背中を反らして肩を正しいポジションに導きます。前かがみ姿勢の猫背を改善するのにもぴったりのエクササイズです。ただ、無理をすると腰を痛めてしまいます。背骨のエロンゲーション（伸張）をしっかり行えないととれないポーズなので、ピラティスの動きに慣れてからチャレンジするとよいでしょう。

ショルダー・エクステンション

デコルテ＆肩を伸びやかに
つまり感をリリース

ここを使おう！

こんな悩みに　肩こり、巻き肩、呼吸が浅い

スタート・
ポジション
START POSITION

うつ伏せになり、両腕を横に伸ばして
ひじを90°に曲げる。肩はリラックス
させ、骨盤の三角形をニュートラルに
セットする。息を吸って準備。

こぶしひとつ分
あける

肩の横にひじがくるように

1 左脚を上げ
腰をひねる

息を吐きながら、左側の骨盤を持ち上げてひねり、
左脚を体の後ろ側に伸ばす。

吐く

肩の横に手をつき、手のひらで床を押す

動画で
動きを確認！

左足を体の
後ろにつく

左脚のひざを軽く曲げて、足を床に下ろす。
右肩の前側を伸ばす。

足の裏を床につける
＊つかない人は 1 でキープする

骨盤は
ニュートラルを保つ

5呼吸キープ

目線は上へ

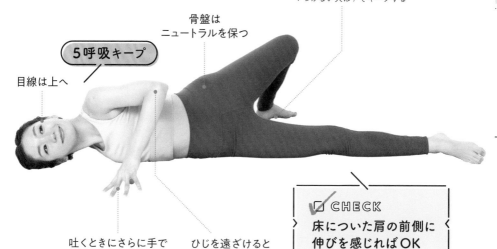

吐くときにさらに手で
床を押す

ひじを遠ざけると
さらに伸びる

☑ CHECK
床についた肩の前側に
伸びを感じればOK

VARIATION
HARD

腕を上げる

2 で床を押したほうの手を上に
伸ばすと、ストレッチの強度がさ
らに上がります。巻き肩の改善
には特におすすめです。

◀ 左右各 1 回

バック・スライド

デコルテを開き
肩のゆがみを整える

ここを使おう!

こんな悩みに 肩こり、巻き肩、呼吸が浅い

START POSITION
スタート・
ポジション

ひざを立てて座る。両手は体の後ろに
つく。自然に呼吸して準備。

こぶしひとつ分
あける

体から手のひらひとつ分あけ
指先は体のほうに向ける

座骨を床につけて座る

足の裏を床に
べったりつける

1 胸を前に押し出す

息を吐きながら、鎖骨を開いて胸を前に押
し出す。吐ききるまでぐーっと押す。

吐く

☑ CHECK
**鎖骨や胸辺りが伸び、
肩の後ろや二の腕が
締まる感じがあればOK**

90°

足の裏は床に
つけたまま

肩は後ろに残すイメージ

手のひらで床を
しっかり押す

2 胸を元に戻す

息を吸いながら、押し出した胸を戻す。
1、*2* をくり返す。

吸う

しっかり吐いて
肋骨を閉じる

VARIATION HARD

もう少し強度を上げたいときは、
1 でひじを曲げて伸ばす動きを
プラスしてみましょう。三角筋
や大胸筋をより深く伸ばすこと
ができ、肩関節の安定へと導き
ます。

ひじを曲げる

◀ 10 回

63

ショルダー・プル

リズミカルに動かし肩の機能性を高める

ここを使おう！

こんな悩みに　肩こり、巻き肩、二の腕のたるみ

START
スタート・ポジション
POSITION

いすに座る。両手は体の横に下ろす。自然に呼吸して準備。

背もたれに寄りかからない

こぶしひとつ分あけ足の裏を床にべったりつける

座骨を床面につけて座る

1 両腕を横に開く ▶ 腕を後ろに引く

両腕を横に伸ばし、肩の高さに上げる。手のひらは上向きにする。

両腕を後ろに引く。「1・2・3…」とテンポよく引く↔戻すを30回くり返す。

☑ CHECK
肩・肩甲骨辺りに刺激を感じればOK

肩に余計な力を入れない

肋骨を締めるイメージ

手のひらは上に向ける

腕は落ちないように床と水平に保つ

両腕を上げる ▶ 腕を後ろに引く

両腕を頭上にまっすぐ伸ばす。
指先は天井に向ける。

両腕を後ろに引く。*1* と同じように「1・2・3…」とテンポよく引く↔戻すを30回くり返す。

肩に余計な力を
入れない

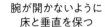
腕が開かないように
床と垂直を保つ

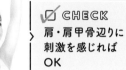
☑ CHECK
肩・肩甲骨辺りに
刺激を感じれば
OK

BAD

胸を
反らせる

腕を引く際には、胸が
反りすぎないように気
をつけて。反り腰になっ
て正しい姿勢が保てな
くなります。

◀ 各**30**回

バック・サポート
胸を開き
コアを活性化する

ここを使おう！

こんな悩みに 巻き肩、体幹が弱い、二の腕のたるみ

START・POSITION スタート・ポジション

両脚を伸ばして座る。両手は体の後ろにつく。座骨を床につけるように座ると安定する。息を吸って準備。

かかとを前に
押し出すようにして
つま先は天井に向ける

こぶしひとつ分
あける

体から
手のひらひとつ分あけ
指先は体のほうに
向ける

Pilates Memo

おすすめの頻度は？

5〜10分でもよいので日課にすると、ピラティスの感覚が身について、その分効果も実感しやすいでしょう。ひとつひとつのエクササイズは短いので、気になる部位の3ステップからはじめてみましょう！

66

骨盤を持ち上げる

息を吐きながら、骨盤を持ち上げて、かかと―
骨盤―肩を一直線にする。吸いながら、お腹か
ら太ももにかけての筋肉を使いゆっくりと戻る。

吐く

☑ CHECK
二の腕、太ももの裏に刺激と、
肩、胸の上が伸びる感じがあればOK

あごは軽く引く

腹筋を意識する

ついた手で
床をしっかり押す

BAD

腕だけで体を支えようとすると、
肩や骨盤が反りすぎたり、反対に
骨盤が落ちたりと、体に適切な負
荷がかかりません。腹筋を使うこ
と、肩からかかとのラインを意識
することが大切です。

きれいな一直線に
ならない

肩が
上がる

腰が反る

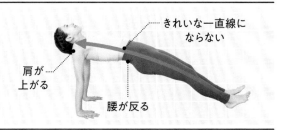

◀ スタートに戻り 5〜10 回

肩関節
— SHOULDER JOINT

STEP **1**
ほぐす

STEP **2**
はめる

STEP **3**
保つ

エルボウ・プル
肩や腕のスムーズな動きを養う

ここを使おう！

こんな悩みに 首こり、肩こり、巻き肩、背中のたるみ

START スタート・ポジション POSITION

うつ伏せになり、両腕を上に伸ばす。
肩はリラックスさせ、骨盤の三角形を
ニュートラルにセットする。

小指を床につけ、
親指を天井に向ける

こぶしひとつ分あける

足先はねかせる

1 両腕を上げる

息を吸いながら、両腕を耳の高さくらいに持ち
上げる。

吸う

肩や首に余計な力を
入れない

2 ひじを引く

息を吐きながら、両腕のひじを引き、肩甲骨を寄せる。呼吸のリズムで *1*、*2* をくり返す。

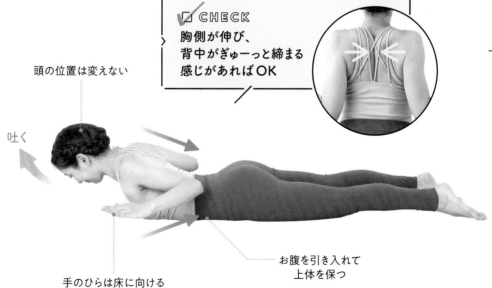

☑ CHECK
胸側が伸び、
背中がぎゅーっと締まる
感じがあればOK

頭の位置は変えない

吐く

手のひらは床に向ける

お腹を引き入れて
上体を保つ

◀ 10 回

肩関節
— SHOULDER JOINT

STEP **1**
ほぐす

STEP **2**
はめる

STEP **3**
保つ

バック・ボウ

全身をしならせて
めぐりのよい体に

こんな悩みに　肩こり、巻き肩、体幹が弱い

ここを使おう！

スタート・
ポジション
START POSITION

うつ伏せになり、両腕を体の横に伸ばす。肩はリラックスさせ、骨盤の三角形をニュートラルにセットする。自然に呼吸して準備。

こぶしひとつ分あける

1　足首をつかむ

両ひざを曲げて、足の外側から足首に手をかける。

2 上体を持ち上げる

息を吐きながら、顔を上げ上体を
持ち上げる。手と足で引っ張り合
いながら姿勢をキープする。1に
ゆっくり戻る。

✓ CHECK
・胸側が伸び、背中がぎゅーっと
締まる感じがあればOK
・手と足を引き合えばOK

3呼吸キープ

肩甲骨を寄せ
胸を開く

吐く息で
足首を後ろに引いて
ポーズを深める

VARIATION EASY

2がむずかしい方は、
フェイスタオルを使
うと、ポーズがとりや
すくなります。

1 足首にタオルをかけて、
タオルの両側をしっかり持つ。

2 顔を上げ上体を持ち上げる。
タオルを引っ張ってポーズを
キープする。

◀ 1~3回

71

お腹&背中 体幹集中エクササイズ

ここでは体幹力アップに欠かせない
「お腹」と「背中」にフォーカスしましょう。
体幹部が安定すると、イメージ通りに体が動いて、
むずかしいポーズもピタッと決められるようになりますよ。

エクササイズを
通してチェック！

お腹

背中

お腹 1
— ABS

動画で
動きを確認！

ここを使おう！

ハンドレッド
腕を動かしても
ぶれないコアをつくる

こんな悩みに　体幹が弱い、腰痛、便秘

START
スタート・
ポジション
POSITION

仰向けになってひざを立てる。座
骨、ひざ、足先が一直線になるよ
うにして、骨盤の三角形をニュー
トラルにセットする。

こぶしひとつ分あける

骨盤はニュートラル

足の裏を
べったりと床に
つける

腕は伸ばして床につける

脚を上げる

息を吐きながら、ひざを
曲げたまま、右脚、左脚の
順に上げる。

吐く

両ひざは股関節の
真上の位置へ

90°　　90°

足先は
自然に

上半身はリラックス

骨盤は
ニュートラルを保つ

2 腕と頭を起こす

一度息を吸い、腕を天井方向に伸ばす。息を吐きながら、腕を肩の高さまで下ろしつつ、お腹を使って頭を上げる。両腕は遠くへ伸ばす。

吐く

背骨を丸める
イメージで起きる

3 姿勢を保ちながら 腕の上げ下げをくり返す

呼吸は止めないように自然に続けながら、頭を起こした姿勢で、「1・2・3…」とテンポよく腕を上げ下げする。

> ☑ CHECK
> お腹に
> 刺激を感じればOK

骨盤はニュートラルを保ち
お腹を安定させる

吸う

吐く

頭は揺れないよう
キープする

手で空気を
押し下げるイメージ

BAD

腹筋を使わずにただ上がろうとすると、このような姿勢になりがちです。負荷が高めのエクササイズですが、だからこそ骨盤をニュートラルに保ちながら、腹筋を意識して動きましょう。その分効果も上がりますよ。

あごを引きすぎる

腰のすき間がつぶれる

◀ 腕の上げ下げを**50～100**回

お腹 2
— ABS

動画で動きを確認！

ダブル・レッグ・リフト
脚の上下運動で
下腹部を引き締める

ここを使おう！

こんな悩みに　体幹が弱い、腰痛

START POSITION
スタート・ポジション

仰向けになってひざを立てる。座骨、ひざ、足先が一直線になるようにして、骨盤の三角形をニュートラルにセットする。自然に呼吸して準備。

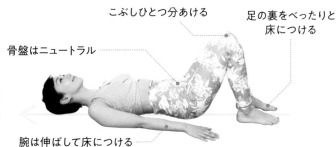

こぶしひとつ分あける

足の裏をべったりと床につける

骨盤はニュートラル

腕は伸ばして床につける

1 右脚を上げる

息を吐きながら、ひざを曲げたまま右脚を上げる。

吐く

足先は自然に

上半身はリラックス

2 左脚を上げる

1の流れで、左脚も上げる。

両ひざは股関節の真上の位置へ

吐く

90°　90°

骨盤は床とニュートラルを保つ

74

3 両ひざを伸ばす

一度息を吸い、吐きながら、両かかと
をつけたままお腹を使って両ひざを伸
ばす。

吐く

骨盤はニュートラルを保つ

かかとをつけ
つま先はひらく

45°

4 脚を下ろす

息を吐きながら、両脚を伸ばしたまま
下ろす。吸いながら、3に戻る。骨盤
をニュートラルに保ちながら、呼吸の
リズムで3、4をくり返す。

吸う

吐く

腰が反らない位置まで
脚を下ろす

かかとで押し合う

> CHECK
> お腹に刺激を
> 感じればOK

脚が伸びた状態でのアップ
ダウンがむずかしい場合は、
ひざを90°に曲げた2から、
つま先を床につけるひざ下
の上下運動でもOK！ 腹
筋を使うよう意識するとよ
り効果的ですよ。

下ろしたときは
つま先だけ床につける

◀ *10* 回

お
腹

お腹 3
— ABS

動画で動きを確認！

クリスクロス
上体をひねってウエストラインを一気にシェイプ

ここを使おう！

こんな悩みに 体幹が弱い、肋骨の開き

スタート・ポジション
START POSITION

仰向けになってひざを立てる。座骨、ひざ、足先が一直線になるようにして、骨盤の三角形をニュートラルにセットする。自然に呼吸して準備。

こぶしひとつ分あける

足の裏をべったりと床につける

骨盤はニュートラル

腕は伸ばして床につける

1 脚を上げる

ひざを曲げたまま、息を吐きながら、右脚、左脚を順に上げる。手は頭の後ろに添える。

両ひざは股関節の真上の位置へ

吐く

足先は自然に

90°　90°

骨盤はニュートラルを保つ

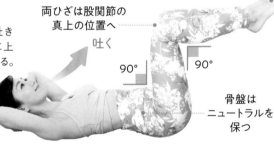

2 頭を起こす

一度息を吸い、吐きながらお腹を使って頭を上げる。

吐く

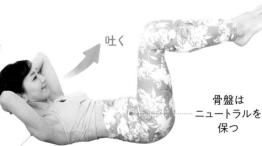

背骨を丸めるイメージで起きる

骨盤はニュートラルを保つ

3

片脚を伸ばし
上体をひねる

息を吸い、吐きながら、左脚を伸ばし、同時に
上体を右脚のほうにひねる。吸いながら 2 に
戻る。左右交互に 2 、3 をくり返す。

吐く

動いたときも
骨盤はニュートラルを保つ

吐く

上体は
引き上げつづける

右脚を伸ばすときは
左脚のほうに上体をひねる

☑ CHECK
お腹（特に腹斜筋）に
刺激を感じればOK

BAD

横腹の筋肉（腹斜筋）へより
効果的に働きかけるため、
次の動きは避けましょう。

脚を
引きすぎる

手で
起きようとする

◀ 左右交互に 10 回

お腹 4
— ABS

動画で
動きを確認！

アブ・ツイスト

ここを使おう！

軸を感じながらのツイストで
コアをしっかりと養う

こんな悩みに　体幹が弱い、肋骨の開き

START
スタート・
ポジション
POSITION

座骨を
床につけて
座る

こぶしひとつ分
あける

ひざを立てて座り、両手は太もも
に添える。自然に呼吸して準備。

吸う

1 上体を後ろに傾け
両腕を広げる

息を吸いながら、腹筋を使いな
がら上体を斜め後ろに傾け、両
腕を横に広げる。

足首を曲げて
つま先を天井に向ける

2 上体を右にひねる

息を吐きながら、上体を斜め45°
にゆっくりとひねる。吸いながら
正面に戻る。呼吸のリズムで、左
右交互にひねる。

上体を引き上げて
背骨は伸ばしたまま保つ

吐く

☑ CHECK
横向きの筋肉
（腹斜筋）に刺激を
感じればOK

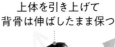

VARIATION
EASY

両手を胸元で
クロスする

1 のポーズがむずかしい
方は、軸を意識しやすいよ
う腕をクロスして。まずは
コアを安定させて、腹筋を
使う感覚を養いましょう。

◀ 左右交互に **5〜10** 回

背中 1
— BACK

動画で
動きを確認！

キャット・ストレッチ
背中全体を丸める動きで
柔軟性をアップ

ここを使おう！

こんな悩みに　体幹が弱い、背骨がかたい

スタート・ポジション
START POSITION

四つんばいになり、つま先を立てる。手は
肩幅に、ひざはこぶしひとつ分程度あける。
背中はまっすぐを意識して、手足に均等に
体重をかける。息を吸って準備。

こぶしひとつ分あける

肩幅にひらく

つま先を立てる

1 背中を丸める

息を吐きながら、背中全体を
ゆっくり丸める。

みぞおちを斜めに
突き上げるイメージ

吐く

ついた手で床を
しっかりと押す

2 背中を反らす

息を吸いながら、背中をゆっくり反
らす。1、2をくり返す。

目線は上へ

吸う

胸を開く
イメージ

腰は反り
すぎない

ついた手で床を
しっかりと押す

腕を外側に向ける
イメージ

☑ CHECK
背骨の伸びを感じればOK

10 回

背中 2
— BACK

動画で
動きを確認！

アイ・ダブル・ティー
3つの動きの組み合わせで
背中を集中強化

ここを使おう！

こんな悩みに 体幹が弱い、肩こり、背中のたるみ、猫背

スタート・ポジション

うつ伏せになり、両腕を上に
伸ばす。骨盤の三角形をニュー
トラルにセットする。自然に
呼吸して準備。

小指を床につけ、
親指を天井に向ける

こぶしひとつ分
あける

足先はねかせる

両腕を持ち上げる

息を止めないようにしながら、両腕を
上げる。「1・2・3…」とテンポよく腕
のアップダウンを、10〜30回くり返す。

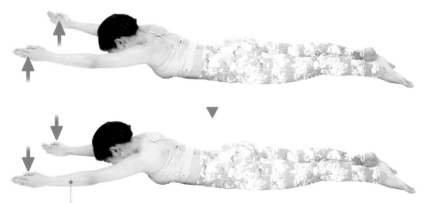

床すれすれの高さまで下ろす

2 ひじを曲げて 肩甲骨を寄せる

息を止めないようにしながら、両ひじを曲げ、肩甲骨を寄せる。1と同様テンポよくアップダウンを、10〜30回くり返す。

…… W字をつくるイメージ

3 ひじを伸ばす

息を止めないようにしながら、両腕を横に伸ばして上げる。1と同様テンポよくアップダウンを、10〜30回くり返す。

親指は
天井に向ける

☑ CHECK
肩甲骨の間や脊椎の周辺の
締まりを感じればOK

◀ 各 10〜30 回

81

背中 3
— BACK

動画で
動きを確認！

スイミング
泳ぐように全身の動きを調和させる

ここを使おう！

こんな悩みに 体幹が弱い、腰痛、猫背

START
スタート・ポジション
POSITION

うつ伏せになり、両腕を上に伸ばす。肩はリラックスさせ、骨盤の三角形をニュートラルにセットする。自然に呼吸して準備。

小指を床につけ、親指を天井に向ける

骨盤はニュートラル

こぶしひとつ分あける

コアを安定させる

足先をねかせる

1 右腕と左脚を上げる

息を吸いながら、右腕と左脚を水平方向に伸ばすように同時に上げる。吐きながら戻る。

骨盤はニュートラルを保つ

吸う

体幹部は動かないよう姿勢をキープ

2 左腕と右脚を上げる

息を吸いながら、1と反対の腕と脚を
上げる。吐きながら戻る。1、2をく
り返す。

☑ CHECK
手足に伸びと、背中に
刺激を感じればOK

吸う

POINT
慣れてきたら泳ぐようにして、リズ
ミカルに手脚を動かしてみましょう。
呼吸は止めないで。

BAD

上げることに集中すると上
体が旋回してしまいがち。
体の軸がぶれて背中にしっ
かり力が伝わらないので気
をつけましょう。

骨盤が動く

◀ 10回

背中 4
― BACK

動画で
動きを確認！

バック・エクステンション

上体を弓のようにしならせて
スッキリとした後ろ姿に

ここを使おう！

こんな悩みに 体幹が弱い、背中のたるみ、猫背

スタート・
ポジション
START POSITION

ひざ立ちになり、つま先を立てる。両手は後ろ手に腰にあてる。息を吐いて準備。

つま先を
立てる

胸を開き
肩甲骨を寄せる

こぶしひとつ分あける

1 右腕を上に伸ばす

吸う

息を吸いながら、
右腕を頭上に伸ばす。

2 右手をかかとに添える

吐く

息を吐きながら、右腕を
後ろにまわしてかかとに
添える。

骨盤が後ろに
いかないようにキープ

3 左腕も同様に動かす

息を吸って、吐きながら左腕も
同様に 1、2 と行いかかとに添
え、上体を引き上げてぐーんと
反らす。キープ後は、お腹の力
を使いながら戻る。

胸を引き上げる

手は
添えるだけ

3〜5呼吸キープ

☑ CHECK
胸が伸び、お腹で
耐える感覚があればOK

お腹で
耐えるイメージ

◀ 1回

下半身を整える
ピラティス・エクササイズ

下半身の中心になる「骨盤」、
ヒップアップに欠かせない「股関節」、
ひざ下O脚や足裏アーチを鍛える「ひざ下・足部」。
3つの骨格にフォーカスして下半身を整えていきましょう。

骨盤を整える

骨盤（こつばん）

下半身の中心でありながら、
姿勢によってゆがみやすい

骨盤のしくみ

FRONT

ピラティスで大切な「ニュートラル」は、骨盤の出っ張った両端と恥骨を結んだ三角形が、床や壁に対して平行かつ垂直になっている状態。

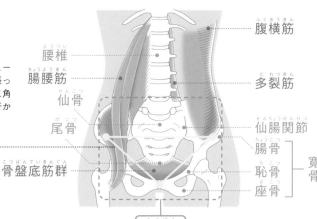

腰椎（ようつい）

腸腰筋（ちょうようきん）

仙骨（せんこつ）

尾骨（びこつ）

骨盤底筋群（こつばんていきんぐん）

腹横筋（ふくおうきん）

多裂筋（たれつきん）

仙腸関節（せんちょうかんせつ）

腸骨（ちょうこつ）

恥骨（ちこつ）

座骨（ざこつ）

寛骨（かんこつ）

骨盤（こつばん）

#腰の痛み #猫背 #尿もれ

#内臓下垂 #くびれがない

#お尻が四角い #腰痛 #便秘

#たれ尻 #ぽっこりお腹 #体幹が弱い

インナーユニットに働きかけ、正しい位置で引き締める

骨盤は下半身の動きすべてに関わる部位で、左右一対の寛骨と後ろ側の仙骨、尾骨からできています。

左の図にあるように、**骨盤の左右の出っ張りと恥骨を結んだ三角形が床に対して垂直、壁に対して平行な状態が正しい骨盤のポジションです。** 猫背の状態で長時間座っていたり、片方の脚を組んで座るクセがある人はゆがみが生じやすく、また、出産後はどうしても骨盤がゆるくなりがちです。ひどくなると腰に痛みを感じたり、骨盤底筋がゆるんで骨盤が広がり、尿もれや内臓が下がる可能性も。また、骨盤が開いた状態になると平べったく四角いお尻になり、丸くてくびれたお尻とはほど遠い状態に……。

骨盤を整えるのに大切なのは、背骨の脇を連なる多裂筋です。**多裂筋は仙骨を前傾させる働きがあるため、骨盤が後傾しがちな猫背タイプの方は何より多裂筋をしっかりと使えるよう心がけましょう。** さらに肋骨を引き締めたり、腰椎を安定させる腹横筋を一緒に動かすことで、広がった骨盤を締め正しいポジションに整えることができます。

骨盤の３ステップでは、骨盤を前後に動かすゆがみリセットのエクササイズからスタートです。骨盤が整った状態になると、腰痛の改善はもちろん、スムーズな動きができるようになり、体がぐんと使いやすくなります。エクササイズで正しい位置に戻していきましょう。

"骨盤"を整える**3**ステップ

STEP **1**

STEP **2**

骨盤を ゆり動かして ゆがみをリセット

▼

LEVEL ☐　　骨盤まわり全体

→ P.90

骨盤の前傾↔後傾をくり返し、周囲の筋肉をゆるめてゆがみをリセットします。プレ・ピラティスといわれる準備運動のエクササイズです。

POINT

普段の生活では意識的に骨盤を動かすことが少ない反面、骨盤のコントロールはピラティスの大切な要素になります。骨盤を傾ける感覚を体でおぼえましょう。

多裂筋をしっかり 使って骨盤を 整える

▼

LEVEL ☐☐　　多裂筋

仙腸関節

→ P.92

骨盤をまっすぐに保とうとすることで、多裂筋の機能性を高めるエクササイズです。上げたほうの脚につられて、骨盤が左右に傾かないよう注意しましょう。脚を前後に開くポーズで、仙骨と腸骨をつなぐ仙腸関節も整えます。

LEVEL ☐☐

多裂筋（特に腰部）

→ P.94

多裂筋を活性化させ、骨盤のニュートラルを保ちながら、両脚を上下させます。腰の辺りをキュッと締める意識で動きましょう。

STEP 3

骨盤の
エクササイズを
通してチェック！

骨盤

体幹のインナーユニットの強化をしながら
締まって形のよい
骨盤に 保つ

LEVEL

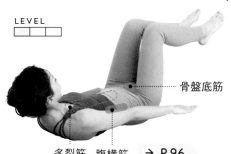

骨盤底筋

多裂筋　腹横筋　→ P.96

腰のカーブをつくるようニュートラルを意識することで多裂筋を働かせ、その状態を保ちながら頭を起こして腹横筋をはじめとするインナーユニットを鍛えます。同時に膣を引き上げるような意識で、骨盤底筋にも働きかけましょう。

POINT

このポーズで呼吸をくり返すと、横隔膜も含む4つの筋肉が同時に収縮し、骨盤が整いやすくなり、インナーユニットの強化にも有効です。

LEVEL

多裂筋　　骨盤底筋

腹横筋

→ P.98

体を一直線にしてキープするエクササイズです。体を床と平行に保つことで、力強い体幹になります。コアの安定感が締まった骨盤をつくり出します。

LEVEL

腹横筋

骨盤底筋

多裂筋

→ P.100

横向きのプランクはさらに一段強度が上がります。背骨をまっすぐに保とうと重力に逆らうよう筋肉が使われるからです。ひじをついたポーズでお腹への負荷もアップ。とにかく体を一直線にキープすること、これを意識しましょう。

骨盤
— PELVIS

ペルビック・ストレッチ

なめらかな前後のムーブで
骨盤のゆがみを整える

ここを使おう！

こんな悩みに 腰痛、便秘、産後の骨盤のゆるみ

スタート・
ポジション
START POSITION

仰向けになってひざを立てる。両手は自然に体の横に置く。座骨、ひざ、足先が一直線になるようにして、骨盤の三角形はニュートラルにセットする。息を吸って準備。

こぶしひとつ分あける

骨盤はニュートラル

足の裏は
床にべったりとつける

1 骨盤を後傾させる

息を吐きながら、骨盤を顔に向けるように下腹を引き上げて、骨盤を後傾させる。

胸を開き、
上体の伸びを意識する

吐く

腰のカーブを
床につけていくようなイメージ

動画で
動きを確認！

2 骨盤を前傾させる

息を吸いながら、下腹を使って骨盤を前傾
させる。1、2をスムーズにくり返す。

吸う

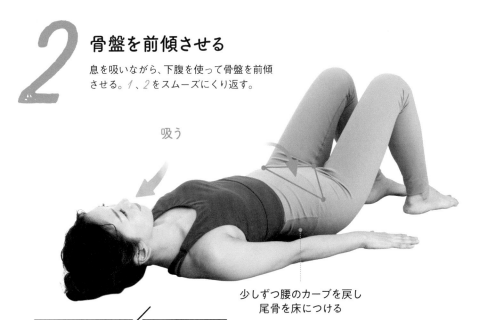

少しずつ腰のカーブを戻し
尾骨を床につける

☑ CHECK
**骨盤を前や後ろに
動かしている感覚があればOK**

BAD

体がこわばると、反り腰になっ
たりなど体に余計な負担がかか
ります。まずはリラックスして、
どっしりと床に全身をあずけな
がら行いましょう。

あごを引きすぎる

ひざを
開きすぎる

肩に余計な力が入っている

◀ **10** 回

骨
盤

STEP
1
□

91

骨盤
— PELVIS

STEP 1
動かす

STEP 2
整える

STEP 3
保つ

サイ・アップ

ここを使おう！

左右のバランスを整え
骨盤を正しいポジションへ

こんな悩みに　腰痛、骨盤のゆがみ、たれ尻

スタート・
ポジション
START POSITION

四つんばいになり、つま先を立てる。
手は肩幅に、ひざはこぶしひとつ分程
度あける。背中はまっすぐを意識して、
手足に均等に体重をかける。自然に呼
吸して準備。

肩幅にひらく

こぶしひとつ分
あける

つま先を立てる

骨盤はニュートラルを
保つ

90°

90°

1 右脚を上げる

ひざと足首を曲げたまま、
右の太ももを脚のつけ根か
ら持ち上げ、太ももが床と
平行になるまで上げる。

2 右脚をけり上げる

右脚の角度をキープしながら、太ももをつけ
根からけり上げ、*1* の高さに戻す。「1・2・3
…」とテンポよく *1*、*2* をくり返す。

CHECK
お尻と腰辺りに
刺激を感じればOK

骨盤はニュートラルを
保つ

ついた手で
床をしっかり押す

POINT

上げにくいと感じるほうにゆがみが生じている可能性も。
左右で苦手なほうの回数を増やすのがおすすめ。骨盤
がぶれていないか、動画で撮ってみるのも◎。

BAD

1、*2* を見比べるとほとんど変
わっていないようにも見えます
が、それで構いません。脚を上
げすぎると、反り腰になったり、
骨盤のポジションがずれてしま
う原因に。骨盤をまっすぐキー
プできる高さを意識しましょう。

腰が反る

太ももを
上げすぎる

◀ 左右各 *20* 回

骨盤
— PELVIS

STEP 1
動かす

STEP 2
整える

STEP 3
保つ

ヒップ・エクステンション

多裂筋に働きかけて
骨盤を安定へと導く

ここを使おう！

こんな悩みに　たれ尻、腰痛

START
スタート・ポジション
POSITION

うつ伏せになり、手は額の下に置く。首や肩はリラックスさせ、骨盤の三角形はニュートラルにセットする。自然に呼吸して準備。

首や肩はリラックス

こぶしひとつ分
あける

骨盤はニュートラル

両脚を上げる

太ももを引き上げて、両脚を上げる。力が入りやすい太ももの裏とお尻は、できるだけ力を抜く。

足先を後方に遠くへ
伸ばすイメージで

骨盤は床から離さず
ニュートラルを保つ

☑ CHECK
腰椎周辺（仙骨など）が
締まる感じがあればOK

動画で
動きを確認！

2 両脚を下ろす

脚の伸びをキープしたまま、両脚を下ろす。「1・
2・3…」とテンポよく *1*、*2* をくり返す。

床すれすれの高さまで
下ろす

POINT

恥骨が床にあたって痛みを感じる
ときは、下にタオルを敷くのがおす
すめです。

タオル

Pilates Memo

ピラティスの動きとことば

ピラティスのレッスンなどでよく使われる用語を紹介します。
● アーティキュレーション
背骨を丸めたり伸ばしたりするときに、背骨の椎骨をひとつ
ずつ動かすこと
● インプリンティング
特に仰向けの際、骨盤を後傾させ、腰骨を床に近づけること

◀ *30* 回

骨盤
— PELVIS

STEP **1**
動かす

STEP **2**
整える

STEP **3**
保つ

テーブルトップ・カール・アップ

ぶれないコアをつくり
スッキリしたお腹まわりへ

ここを使おう！

こんな悩みに　腰痛、便秘、ぽっこりお腹、体幹が弱い

START
スタート・
ポジション
POSITION

仰向けになってひざを立てる。座骨、
ひざ、足先が一直線になるようにして、
骨盤の三角形はニュートラルにセット
する。自然に呼吸して準備。

こぶしひとつ分あけ
足の裏は床にべったりとつける

1 右脚を上げる

息を吐きながら、ひざを曲げたま
ま右脚を上げる。

吐く

上半身はリラックス

動画で
動きを確認！

2 左脚を上げる

1 と同様に左脚も上げる。

両ひざは股関節の
真上の位置へ　90°　90°

3 腕と頭を起こす

一度息を吸い吐きながら、お腹を使って頭を上げる。そのとき、両腕も遠くへ伸ばしながら肩と同じ高さに上げる。キープ後はゆっくり戻る。

脚の角度はキープする

5呼吸キープ

骨盤は
ニュートラルを
保つ

背骨（特に胸椎）を
丸めるイメージで起きる

POINT

息を吐くごとに、さらに
頭を起こすよう意識して、
ポーズを深めましょう。

☑ CHECK
お腹全体に刺激を
感じればOK

BAD

あごは軽く引く程度が〇。
頭だけで上がろうとする
と引きすぎてしまうので、
お腹まわりの筋肉を使う
ように意識しましょう。

あごを引きすぎる

90°に
なっていない

腰のすき間がつぶれる

◀ *1~3* 回

骨盤
― PELVIS

STEP **1**
動かす

STEP **2**
整える

STEP **3**
保つ

プランク

全身の筋力を養い
洗練されたボディに

こんな悩みに　腰痛、代謝不良、ぽっこりお腹、体幹が弱い

ここを使おう！

こぶしひとつ分
あける

ひじは肩の真下の位置で床につける

つま先を
立てる

START
スタート・
ポジション
POSITION

四つんばいになり、つま先を立てる。手は肩幅に、ひざはこぶしひとつ分程度あける。背中はまっすぐを意識したまま、脚を後ろにずらす。自然に呼吸して準備。

背中は床と平行に

1

右脚を伸ばす

息を吐きながら、右脚を後ろに伸ばす。

脚は後方の遠くに伸ばす

吐く

2 左脚を伸ばし 一直線を描く

さらに骨盤を引き上げて、左脚も伸ばし、頭から足先まで一直線を描く。キープ後は、お腹の筋肉を使いながらゆっくりひざをついて戻る。

10〜30秒キープ

＊慣れてきたら秒数を増やして
強度を上げてみましょう

✓ CHECK
頭上と足先、
上下の斜め方向に
伸びを感じればOK

首や肩まわりが
落ちないように

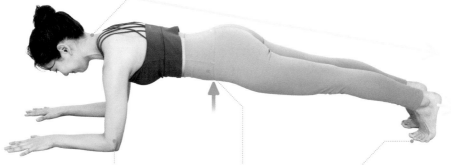

ついたひじ下で床を
押しつづける

お腹まわりを意識し
上体を引き上げておく

足の指全体で床を押し
かかとは後方に伸ばすイメージ

BAD

お腹まわりの筋肉をしっかり使うのがプランクのポイントです。手と足だけで体を支えようとすると、反り腰になったり、反対にお尻が上がったりと体が一直線にならず、結果、効率的に体幹を鍛えることができません。

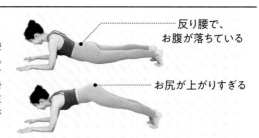

反り腰で、
お腹が落ちている

お尻が上がりすぎ

◀ **1〜3回**

骨盤
— PELVIS

STEP 1
動かす

STEP 2
整える

STEP 3
保つ

サイド・プランク・ウィズ・アームズ・ベンド

ここを使おう！

腹斜筋を活性化し
引き締まったサイドラインに

こんな悩みに　骨盤まわりの不調、腰痛、脇腹のたるみ

START
スタート・
ポジション
POSITION

人魚のように脚を伸ばして横向きに座り、
ひざを伸ばして両脚をそろえる。息を吸っ
て準備。

骨盤はニュートラル

足の位置を骨盤より
前に出す
＊マットのふちに体を沿わせて
位置を決めるとよい

吸う

右ひじは肩の真下の位置で
床につく

Pilates Memo

おすすめの時間帯は？

1日の活動をはじめる朝は特におすすめ。心身にスイッ
チが入り、代謝もアップします。また、ストレッチ系の
エクササイズなら、作業のすき間時間にリフレッシュし
たり、就寝前のリラックスタイムにもぴったりです。

1 骨盤を持ち上げ一直線を描く

息を吐きながら、ついた手と足で床を押して骨盤を持ち上げ、頭から足先まで一直線を描く。キープ後はゆっくり戻る。

10～30秒キープ ＊慣れてきたら秒数を増やして強度を上げてみましょう

☑ CHECK
・頭上と足先、上下の斜め方向に伸びを感じればOK
・お腹の筋肉（特に腹斜筋や腹横筋）を使っている感覚があればOK

ひじ下で床を押しつづける

胸や骨盤は、真横に向け脇腹を引き上げる

足先を遠くへ伸ばすイメージで

VARIATION EASY

ポーズを保つのがむずかしいときは、下側のひざを床につけて体を支えてみて。負荷が下がって、無理なくチャレンジできますよ。

ひざを曲げて床につける

◀ 左右各 1～3 回

股関節を整える

下半身の土台である骨盤と連結する
人体最大の関節

股関節のしくみ

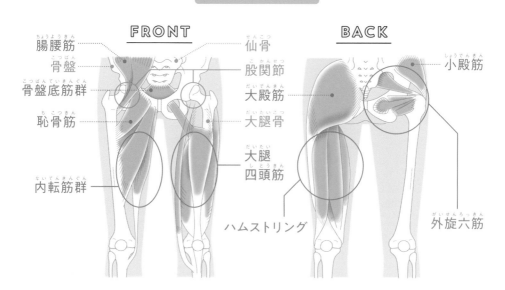

FRONT

- 腸腰筋
- 骨盤
- 骨盤底筋群
- 恥骨筋
- 内転筋群

- 仙骨
- 股関節
- 大殿筋
- 大腿骨
- 大腿四頭筋
- ハムストリング

BACK

- 小殿筋
- 外旋六筋

#股関節のつまり感　#お尻が四角い

#たれ尻　#扁平尻　#〇脚

#X脚　#腰痛

骨盤の位置を整え、内部の筋肉に 働きかけることで股関節を正しい位置に

脚のつけ根の部分にあり、大腿骨と骨盤をつないでいるのが股関節です。大腿四頭筋やハムストリング、腸腰筋、外旋六筋、小殿筋、恥骨筋などの筋肉によって動いています。骨盤にくっついているので、骨盤のポジションにも大きく左右されます。

在宅ワークなどで長く座る姿勢が多いと、股関節を外側にまわして安定させるための外旋六筋がきちんと使われず、股関節が前方にずれて、お尻がたれてしまったり、股関節につまりが起こることがあります。

また、日頃から運動習慣がないと、お尻側の組織がかたくなり、股関節のつまり感の原因になるうえ、〇脚やX脚になるなどボディラインにも影響が……。

股関節を動かすカギとなる外旋六筋の一部は、骨盤底筋と連結しているので、**多裂筋を鍛えて仙骨を前傾させたり、膣を引き上げて下腹部を薄くすることで骨盤底筋を呼び覚ましておくと、さらに効率よく股関節を整えることができます。**

さらに、股関節を安定させる小殿筋や恥骨筋も一緒に鍛える必要があります。

股関節は骨盤と密接につながっており、骨盤が整わないと股関節の位置は定まりません。そのため、この股関節の3ステップは、股関節を正しいポジションにするために、骨盤のズレを整えてからスタートします。先の骨盤のプログラムも合わせて行うのもおすすめです。

"股関節"を整える**3**ステップ

STEP 1

骨盤の ゆがみをとり 股関節の周囲を ほぐす

▼

LEVEL

大腿四頭筋

腸腰筋

ハムストリング

骨盤

→ P.106

股関節と深く関係している骨盤のゆがみを整えます。太ももの前側（大腿四頭筋）と、後ろ側（ハムストリング）をストレッチして、股関節まわりの組織をほぐしましょう。

STEP 2

周囲の筋肉を強化し 股関節を正しい ポジションに はめる

▼

LEVEL

外旋六筋

→ P.108

お尻のインナーマッスルを鍛えます。股関節を90°に曲げて動かすことで、外旋六筋のなかでも特に必要な部分をピンポイントで強化しましょう。シンプルなエクササイズですが、美尻を育てるにはうってつけです。

LEVEL

内転筋

股関節

→ P.110

脚のつけ根を内側に閉じるエクササイズです。かかとの向きを変える２つの動きで、太ももの内側にある筋肉（内転筋など）をまんべんなく活性化します。

STEP 3

股関節の
エクササイズを
通してチェック！

インナーマッスルを働かせて
股関節の機能性を
高める

LEVEL

お尻の後方組織

股関節

→ P.112

運動不足などでかたくなりがちなお尻の後方
組織をほぐすエクササイズです。股関節が正
しいポジションにくるよう、脚を開く角度に注
意しながら動かしましょう。

LEVEL

股関節

外旋六筋

内転筋

→ P.114

力士のようにぐっと腰を落として、股
関節を正しいポジションにしたうえで、
周囲の筋肉をまとめて強化するエク
ササイズです。細かくバウンドさせて、
股関節の柔軟性を高め、筋肉の血流
を促します。

LEVEL

大殿筋
外旋六筋

→ P.116

股関節が安定して使えるように、お
尻の大小の筋肉を集中的に強化しま
す。腰をひねったうえでかがむとい
う、少しむずかしい動きですが、軸脚
にしっかりと重心をのせてポーズを
とるのがポイントです。

股関節
— HIP JOINT

サイ・ストレッチ

股関節まわりをほぐし
下半身のスムーズな動きを獲得

こんな悩みに　反り腰、腰痛、股関節の不調

ここを使おう！

スタート・ポジション
START POSITION

四つんばいになり、つま先を立てる。手は肩幅にひらく。背中はまっすぐを意識して、手足に均等に体重をかける。息を吐いて準備。

肩幅にひらく

つま先を立てる

吸う

太ももと上体を近づける

右脚を前に出し
左脚のつけ根を伸ばす

息を吸いながら、右脚を前に出して両手の間につく。顔は前を向き、左脚の足のつけ根から太ももの前を伸ばす。

つけ根と太ももの前側を伸ばす

足先はねかせる

2 上体をひねる

一度息を吸い吐きながら、右手
を腰にあてて、上体を右にひね
る。

吐く

腰に添えた手で骨盤を
床のほうに押す

☑ CHECK
太ももの前側と
脚のつけ根が伸びる感じが
あればOK

3 右脚を伸ばし前にかがむ

息を吸いながら、お尻を後
ろに引き左ひざを曲げて、
右脚を伸ばす。次に息を吐
きながら上体を前にかがめ、
1 のポーズに戻る。*1〜3*
をくり返す。

吐く

腰は丸める

骨盤は
ニュートラルを
保つ

かかとを押し出し、
つま先は上に向ける

脚の後ろ側を伸ばす

☑ CHECK
太ももの後ろ側が伸びる
感じがあればOK

VARIATION EASY

3 のとき、前脚のひざを伸
ばすのがむずかしい場合は、
曲げたままでも十分です。
筋を痛める原因にもなるの
で、無理のない姿勢で行い
ましょう。

◀ 左右各 *5〜10* 回

クラム
股関節を正しい位置に導き
美しいヒップに

ここを使おう！

こんな悩みに　たれ尻、扁平尻、股関節の不調

スタート・ポジション
START POSITION

体の右側を下にして横向きになる。脚をそろえてひざを曲げる。右腕はひじを曲げて頭をのせる。息を吸って準備。

左手は
骨盤をつかむ

足先は伸ばさず
自然に

骨盤は
ニュートラル

つけ根とひざは
90°に曲げる

腰が丸まらないように意識しよう

多裂筋とは首から骨盤にかけて背骨の脇を走るインナーマッスルです。大きく動く筋肉ではありませんが、腰の自然なカーブを保つ（ニュートラル）のに欠かせません。骨盤の正しいポジションがとれるよう、多裂筋を意識してみましょう。

\\OK//

\\NG//

多裂筋を締めるように意識して。意識しないと腰は丸まりがち。

1 かかとをつけたまま 左脚を開く

息を吐きながら、両足のかかとをつけた状態で
左ひざを開く。吸いながらゆっくり戻る。呼吸
のリズムで開く↔閉じるをくり返す。

脚のつけ根（股関節）を
外側にねじるイメージで

ひざは遠ざける
意識で

吐く　　吸う

骨盤は
ニュートラルを保つ

かかとは離さない

☑ CHECK
お尻がきゅーっと締まる
感じがあればOK

BAD

ひざを開きすぎると骨盤のポジ
ションがずれてしまうので注意！
正しいポジションで行って、お
尻へ効果的に働きかけましょう。

骨盤が後ろに開く

◀ 左右各 **30** 回

股関節
― HIP JOINT

STEP 1
とる

STEP 2
はめる
□□

STEP 3
高める

サイド・レッグ・アダクター・リフト

股関節を安定させる 内ももを集中強化

ここを使おう！

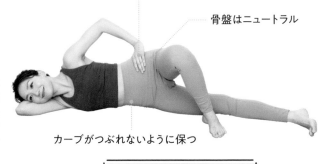

こんな悩みに　内もものたるみ、股関節の不調

START
スタート・ポジション
POSITION

体の右側を下にして横向きになる。右脚を伸ばして、左脚はひざを曲げ、足の裏を床につける。右腕はひじを曲げて頭をのせる。自然に呼吸して準備。

左手は骨盤をつかむ

骨盤はニュートラル

カーブがつぶれないように保つ

1 右ひざを上向きにして 右脚を動かす

下側の右脚を伸ばしたまま上げて、下ろす。呼吸は止めないようにしながら、「1・2・3…」とテンポよくアップダウンを30回くり返す。

☑ CHECK
太ももの内側に刺激を感じればOK

ひざ頭を天井方向に向ける

脚は後方に伸ばすイメージで

脚のつけ根から動かす

足先はリラックス

動きにつられて骨盤がずれウエストのカーブがつぶれないよう姿勢をキープする

床すれすれの高さまで下ろす

ひざを下向きにして
右脚を動かす

ひざの向きを変え、1 と同様に右脚の
アップダウンを30回くり返す。

┌─────────────────┐
│ ☑ CHECK
│ 太ももの内側に刺激を
│ 感じればOK
└─────────────────┘

足先はリラックス

ひざ頭を床方向に向ける

体の後ろに足をつく

VARIATION
EASY

このエクササイズでは、脚
を高く上げる必要はありま
せんが、姿勢がとりにく
い方は、曲げた脚を後ろに
ついてもOKです。

◀ 左右各 30 回

111

股関節
— HIP JOINT

STEP **1**
とる

STEP **2**
はめる

STEP **3**
高める

グロイン・クランプ

股関節の位置を戻し
つまり感を解消

こんな悩みに　股関節の不調

ここを使おう！

START
スタート・
ポジション
POSITION

四つんばいになり、足先はねかせる。手は肩幅に、脚はひざの間をマット幅くらいにひらく。背中はまっすぐを意識して、手足に均等に体重をかける。自然な呼吸で準備。

骨盤はニュートラル

45°

足先はねかせる

45°にひらく
（マット幅にひざ先を
合わせる）

肩幅にひらく

1 お尻を後ろに引く

かかとにつけるように、お尻を後ろに引いて、元に戻る。呼吸は止めないようにしながら、「1・2・3…」とテンポよくアップダウンをくり返す。

☑ CHECK
痛みなくスムーズに
動かせればOK

吐く

吸う

ついた手で床を押す

腰は反りすぎない

VARIATION
HARD

片脚を伸ばしたポーズでアップダウンをすると、太ももの内側（内転筋）のストレッチも加わった、より強度の高いエクササイズになります。

1 片脚を横に伸ばす。

足の裏はつけず
内側だけ床につける

2 かかとにつけるように、お尻を下げ、戻る。
左右各30回行う。

◀ 30 回

113

股関節
— HIP JOINT

STEP **1**
とる

STEP **2**
はめる

STEP **3**
高める

スタンプ

股関節の可動域を広げ
下半身のバランスを整える

ここを使おう！

こんな悩みに　腰痛、姿勢が悪い、冷え、股関節がかたい

START
スタート・
ポジション
POSITION

足を肩幅よりやや広くひらいて立つ。手は骨盤をつかむ。背中はまっすぐを意識して、両足に均等に体重をかける。息を吸って準備。

頭のてっぺんから
つられているイメージ

足先とひざは同じ方向に
外へ向ける

吐く

つかんだ手で太ももを
外にまわすイメージ

腰を落とす

1

息を吐きながら、太ももが床と平行になるくらいまで腰を落とす。ポーズが安定してとれない人は、壁に手をついてもOK。

114

動画で
動きを確認！

上体は上へ
引き上げたままに

吐く

吸う

腰を反らない

腰をさらに落とし
バウンドさせる

さらに腰を落としたら、*1* に
戻る。呼吸は止めないように
しながら、「1・2・3…」とテ
ンポよくバウンド（上下には
ずませる）させる。

足先とひざは
同じ向きを保つ

床と平行に

☑ CHECK
太ももや脚のつけ根に
刺激を感じればOK

BAD

ひざが内側に向いた状態で腰を
落としても、股関節にきちんと
作用しません。ひざが足先より
前に出ないよう股関節をしっか
り開いて、ひざと向きをそろえ
るよう意識しましょう。

腰が
丸まる

ひざと足先の向きが
そろっていない

◀ 10〜30 回

股関節
— HIP JOINT

STEP 1
とる

STEP 2
はめる

STEP 3
高める

ヒップ・ツイスト

腰をキュッとひねって
美尻＆美脚をつくる

こんな悩みに 股関節の不調、脚が太い、たれ尻

ここを使おう！

ニュートラルの姿勢で
セットする

START
スタート・
ポジション
POSITION

背中はまっすぐを意識して、両足
に均等に体重をかけて立つ。

両手を胸元で
クロスする

斜め45°外側に
伸ばす

1 左脚を伸ばし
両手をクロスする

左脚を斜め後ろに伸ばし、重心を右脚にのせる。
右手を上にして手を胸の前でクロスする。息を
吸って準備。

POINT

前足に完全に体重をのせましょう。
後ろ足を浮かせられればOKです。

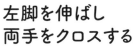

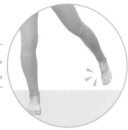

上体は軸をまっすぐ
伸ばしたまま

吐く

2 腰をひねる

息を吐きながら、腰を前脚の
ほうにひねる。

ひざと足先の
向きをそろえる

☑ CHECK
軸脚側のお尻に
刺激を感じればOK

吐く

3 上体を前に倒す

2 の流れのまま、脚のつけ根か
ら上体を前に倒す。息を吸いな
がら *2* に戻り、くり返す。

体重は前足にのせつづける

◀ 左右各10回

117

ひざ下・足部を整える

した　そくぶ

複雑な動きをコントロールするので
安定感が大切

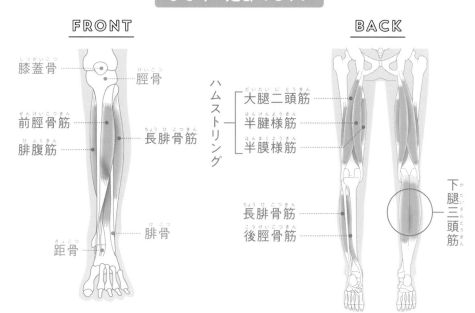

ひざ下・足部のしくみ

FRONT

膝蓋骨（しつがいこつ）
脛骨（けいこつ）
前脛骨筋（ぜんけいこつきん）
腓腹筋（ひふくきん）
長腓骨筋（ちょうひこつきん）
腓骨（ひこつ）
距骨（きょこつ）

BACK

ハムストリング
大腿二頭筋（だいたいにとうきん）
半腱様筋（はんけんようきん）
半膜様筋（はんまくようきん）

長腓骨筋（ちょうひこつきん）
後脛骨筋（こうけいこつきん）

下腿三頭筋（かたいさんとうきん）

#足のむくみ　# 冷え　#ひざ下O脚

#ひざの不調　#O脚　#扁平足

#巻き爪　#外反母趾　#ねんざ癖

ひざ下から足裏に続く筋肉を鍛えて
ねじれのない健やかな足に

ひざの曲げ伸ばしには膝蓋骨が働き、ひざから下を脛骨が支えています。外側から脛骨をサポートしているのが腓骨です。弁慶の泣き所に位置する前脛骨筋や長腓骨筋や、ふくらはぎ側にある後脛骨筋や下腿三頭筋などが走ったり、跳ねたりの運動、足首の動きを司っています。

足の悩みのなかでもピラティスで取り組みやすいのが次の2つ。足裏のアーチのつぶれと、ひざ下が張り出して脚を閉じてもすき間ができる、いわゆるひざ下のO脚です。

足に合わない靴を履きつづける、割り座など脚をねじるような座り方といった生活習慣や、運動不足、加齢などから、足の裏で交差している長腓骨筋と後脛骨筋が弱り、足裏のアーチがなくなって扁平足に……。足裏のクッションが効かず、推進力も生みにくくなるため、足が疲れやすくな

り、巻き爪や外反母趾などの原因にもなります。ふくらはぎや太ももの筋肉を過剰に使うので、筋肉が外側について脚が太く見えることも。

一方、**ひざ下のO脚は、レッグラインが崩れるだけでなく、ひざ関節に痛みが出ることがあるので要注意**。太ももが内に、ひざ下が外に向かいねじれが起こって、重心が外側に偏ってしまうからです。

ひざ下、足部の3ステップは、この部分を支えるのに欠かせない腓骨筋と後脛骨筋を鍛えてひざ下ラインを整え、さらにハムストリングや下腿三頭筋に含まれる内側の腓腹筋を鍛えるプログラムです。このステップで働きかける腓骨筋と後脛骨筋は、足の距骨などのポジションにも関係が深く、足首を安定させるため、ねんざなどのケガをしやすい人にも効果的です。

STEP 1

かたくなった 足首と足先を ほぐす

LEVEL
□

足部全体

→ P.122

足首をゆっくり大きくまわして、足先から足首をストレッチします。かたくなりがちな足裏の筋肉もほぐれて、バランスが整いやすくなります。血流やリンパの流れも促すので、むくみや冷えの予防にもいいでしょう。

STEP 2

脚を刺激して ねじれを リセットして 伸ばす

LEVEL
□□

→ P.124

ふくらはぎの外側の筋肉を働かせて、外側にねじれた状態のひざ下を本来の状態に戻すエクササイズです。O脚など外体重の人に特におすすめです。

腓骨筋
下腿三頭筋

LEVEL
□□

脛骨筋

下腿三頭筋　内転筋

→ P.126

脚の内側全体をグーっと伸ばして活性化し、ひざ下、足首に働きかけます。ひざと足先の向きがそろっている状態が、足本来のポジションなので、角度を意識しながら行いましょう。

STEP 3

ひざ下・足部の
エクササイズを
通してチェック！

正しいポジションを意識しながら
脚や足裏のアーチを
鍛える

▼

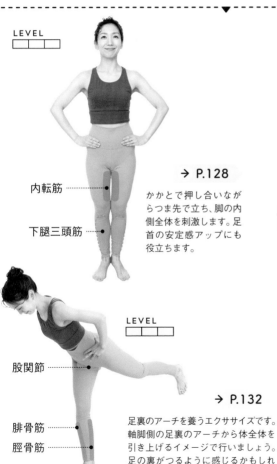

LEVEL

内転筋

下腿三頭筋

→ P.128

かかとで押し合いなが
らつま先で立ち、脚の内
側全体を刺激します。足
首の安定感アップにも
役立ちます。

股関節

腓骨筋
脛骨筋

足底筋

→ P.132

足裏のアーチを養うエクササイズです。
軸脚側の足裏のアーチから体全体を
引き上げるイメージで行いましょう。
足の裏がつるように感じるかもしれ
ませんが、終わった後はしっかりと立
てる安定感が出ます。

LEVEL

ハムストリング

→ P.130

太もも裏からひざ裏にかけてのハム
ストリングを集中強化するエクササ
イズです。大きな筋肉なので、脚全体
を整えるのにも効果的です。

POINT

ハムストリングはひざを曲げるのに
働く筋肉です。デスクワークなどで
座る時間が長いと、常に縮んでいる
状態になりかたくなりやすく、ひざが
しっかり伸びなくなったり、ひざ痛の
原因にもなります。

トゥ・ストレッチ

かたまった足先をほぐし
末端までめぐりよく

こんな悩みに　足のむくみ、冷え

ここを使おう！

**START
スタート・
ポジション
POSITION**

ひざを伸ばして座り（いすに
座ってもOK）、右足を引き寄
せて左の太ももにのせる。自
然に呼吸して準備。

リラックスした姿勢で

Pilates Memo

いつも心にピラティスを！

立つとき、座るときには、ニュートラルポジションで。スマ
ホを見るときは胸を開いて……と、ピラティスの動きやポ
ジションをぜひ日常生活でも意識してみてください。その
意識が習慣になれば体もどんどん変化しますよ！

動画で
動きを確認！

足先をまわす

左手の指を右足の指の間に差し入れて組み、もう一方の手でくるぶしを押さえたら、左手で足先をぐるりと大きくまわす。両方向からくり返す。

☑ CHECK
足先が伸びてスッキリする
感覚があればOK

指をしっかり組む

足の指先を押して
指先もストレッチする

足首を大きな円を
描くようにまわす

◀ 左右各 10〜30 回

ひざ下・足部
— LEG & FOOT

アンクル・プル

つけ根から足先まで動かし
理想のレッグラインに

ここを使おう！

こんな悩みに　巻き爪、ねんざ癖、O脚、X脚

START POSITION
スタート・
ポジション

ひざを伸ばして座り、脚のつけ根から外旋させる（足首だけで外に向けないようにする）。両手は後ろにつく。自然に呼吸して準備。

上体を斜め上に伸ばすイメージ

脚のつけ根から
外向きにまわす

ひざと足先は同じ方向に
やや外側に向ける

軽く床を押す

こぶしひとつ分
くらいあける

124

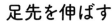

吸う

1 足先を伸ばす

息を吸いながら、足先をできるところ
まで伸ばす。

足先を遠くに伸ばす

できるところまで
足の裏を外側に向けておくイメージ

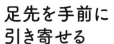

吐く

2 足先を手前に引き寄せる

息を吐きながら、かかと同士をつけ、
足先を手前に引き寄せるように、足首
を曲げる。1、2 をくり返す。

こぶしひとつ分くらい
あける

かかとを押し出すように
足先を自分のほうに向ける

足の裏はできるだけ
外側に向ける

☑ CHECK
戻っているときにひざ下の外側辺りを
使っている感覚があればOK

◀ 20〜30 回

125

ひざ下・足部
— LEG & FOOT

STEP 1 ほぐす　　STEP 2 伸ばす　　STEP 3 鍛える

レッグ・エクステンション

脚の内側を活性化し
レッグラインを整える

ここを使おう！

こんな悩みに　脚のむくみ、ひざ下O脚

START
**スタート・
ポジション**
POSITION

肩幅よりやや広めに足を広げて立ち、まっすぐ腰を下ろしてしゃがむ。手のひらを胸の前で合わせる。自然に呼吸して準備。

足先とひざは
同じ方向に外へ向ける

上体は
引き上げたまま
キープ

吐く

1 左脚を伸ばす

息を吐きながら、手を前について左脚を横に伸ばす。

足先とひざは
同じ向きを保つ

つま先は上向き

手には
体重をかけない

126

動画で
動きを確認！

吸う

2 腰を浮かせて反対側へ

息を吸いながら、腰を上げて
反対側に重心を移動させる。

3 右脚を伸ばす

息を吐きながら、*1* と同じよ
うに右脚を横に伸ばす。*1* 〜
3 をくり返す。

吐く

CHECK

つけ根と
脚全体（特に内側）が
伸びる感じがあればOK

BAD

ひざと足先の向きがそろってい
ない状態でエクササイズをすると、
ひざや足首を痛める原因になり
ます。脚を外向きにするときは
足首だけ動かすのでなく、脚の
つけ根から外旋（外向きにまわす）
させるよう心がけましょう。

ひざと足先の向きが
そろっていない

◀ 10〜30 回

127

ひざ下・足部
— LEG & FOOT

STEP 1	STEP 2	STEP 3
ほぐす	伸ばす	鍛える

カーフ・レイズ
下半身の安定性を高めて
しっかり立てる脚に

こんな悩みに 扁平足、ねんざ癖、O脚、X脚

ここを使おう！

START スタート・ポジション POSITION

脚をそろえて立ち、脚のつけ根から
外旋させて足先を外側に向ける（足
首だけで外に向けないようにする）。
手は骨盤をつかむ。息を吸って準備。

ひざと足先は同じ方向に
やや外側に向ける

かかとはつける

こぶしひとつ分くらいあける

128

1 かかとを上げて
つま先で立つ

息を吐きながら、かかとを上げる。かかと同士で押し合いながら、離れないところまで引き上げる。息を吸いながら、お腹から太ももにかけての筋肉を使って戻る。アップダウンをくり返す。

上体はまっすぐ上に
引き上げる

吐く

吸う

☑ CHECK
太ももの内側（内転筋）や、
ふくらはぎの内側に
刺激があればOK

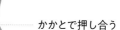

かかとで押し合う

拇指球（親指のつけ根の
ふくらみ）で床を押す

BAD

左右のかかとを押し合う力を利用して、太ももの内側などを刺激し、下半身全体の安定性を高めます。かかとを離してしまうと、内側の筋肉が使えず、ひざ下O脚の改善につながりません。

かかとが
離れる

◀ 10〜30 回

129

ひざ下・足部
— LEG & FOOT

STEP **1**
ほぐす

STEP **2**
伸ばす

STEP **3**
鍛える

ペルビック・カール

太もも裏を鍛えて
ひざ下ラインを整える

ここを使おう！

こんな悩みに　ねんざ癖、ひざ痛、ひざ下O脚

START
スタート・
ポジション
POSITION

足先同士をつけ
かかとを離してハの字にする

こぶしひとつ分
あける

仰向けになってひざを立てる。
座骨、ひざ、足先が一直線に
なるようにして、骨盤の三角
形はニュートラルにセットす
る。息を吸って準備。

1 骨盤を持ち上げる
下げるをくり返す

息を吐きながら、骨盤と背中を持ち上げて、ひざ
―骨盤―肩を一直線にする。吸いながら、背骨を
ひとつずつ床につけていくようにイメージして、
ゆっくり戻る。アップダウンを10回くり返す。

ひざの間隔は
あけたまま保つ

吐く　吸う

背骨をひとつずつ
動かすイメージ

腕で床を押す

2 左脚を伸ばす

1 のポジションをキープし、左脚を伸ばして、
足先―骨盤―肩を一直線にする。再び *1* に
戻し、右脚も同様に行う。

骨盤は
ニュートラルを保つ

10秒キープ

足先を遠くへ
伸ばすイメージで

鎖骨を一直線に
するイメージ

腕で床を押す

☑ CHECK
太ももの裏側（特に内側）に
刺激を感じればOK

BAD

全身をフルに使えるエクササイズなので、足先まで
無駄なく負荷がかけられるようにしたいものです。
キツイと感じるかもしれませんが、力が逃げないよ
うにひざや足先のポジションに注意しましょう。

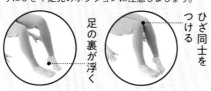

足の裏が浮く

ひざ同士を
つける

◀ *1* セット

131

バック・キック

足裏のアーチを鍛え
しなやかな歩き姿へ

ここを使おう！

こんな悩みに　扁平足、O脚、外反母趾

START
スタート・
ポジション
POSITION

背中はまっすぐを意識し、両足に
均等に体重をかけて壁の横に立つ。
自然に呼吸して準備。

ひじを曲げて
壁に手をつく

左手は
骨盤をつかむ

こぶしひとつ分あける

1 親指と小指を床につける

軸脚の足の指を上げてから、親指と小指だけ床につける。
エクササイズ中はできるだけこのままキープする。

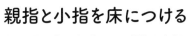

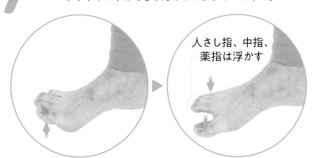

人さし指、中指、
薬指は浮かす

POINT

1 は足の裏のアーチをつくる
ためにぜひチャレンジしたい動きです。むずかしい方は
足の指を「グー・チョキ・パー」
と動かして、足指のコントロール力を高めてみましょう。

動画で
動きを確認！

2 左ももを上げる

左ひざを曲げながら、左脚を上げる。

親指と小指だけ
床につけたままキープ

3 左脚を後ろに上げる

息を吐きながら、左脚を後ろに上げ、
体が床と平行になるくらい上体を倒す。
息を吸いながら 2 に戻る。2、3 をく
り返す。

骨盤は
ニュートラルをキープ

吐く

☑ CHECK
軸脚の足裏を
使っている感じが
あればOK

脚はつけ根から
動かす

◀ 左右各 5〜10 回

133

SPECIAL PROGRAM

1 コアを強化する

体の軸を集中的に鍛えるための6つのエクササイズを厳選。
動きと呼吸を連動させるよう意識して、インナーユニット
（横隔膜、多裂筋、腹横筋、骨盤底筋）を活性化させましょう！

10 min

START

1 ヒップ・エクステンション
→ P.94

30回
うつ伏せの姿勢で伸ばした
脚をアップダウンし、背中
の多裂筋を鍛えましょう。

1~3回
手脚と頭を上げた姿勢をキープ
して、ぶれないコアをつくります。

2 テーブルトップ・カール・アップ
→ P.96

3 クリスクロス
→ P.76

左右交互に**10**回
頭を起こした状態でウエストをひ
ねり、ウエストをシェイプします。

さまざまなタイプの
プランクを連続で!
体を一直線にして
がんばりましょう。

左右各 1〜3回
横向きのプランクで、体の
サイドラインを鍛えます。

6 サイド・プランク・ウィズ・
アームズ・ベンド
→ P.100

5 バック・
サポート
→ P.66

5〜10回
逆向きのプランク。胸を開
いて両手でしっかりと床を
押しましょう。

4 プランク
→ P.98

1〜3回
体を一直線にしたポーズで数十秒
キープして、強い体幹を育てます。

SPECIAL PROGRAM

2

柔軟性を高める

全身の柔軟性を養うための特別プログラムです。
肩まわりや股関節などを気持ちよくストレッチしながら、
上半身と下半身の関節の可動域を広げていきましょう。

10 min

START

1 ショルダー・エクステンション

→ P.60

左右各1回
呼吸をするごとにデコルテと
肩まわりがほぐれていきます。

左右各10回
ついた手でしっかり床を押
し、肩甲骨を安定させて体
をツイストさせましょう。

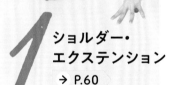

2 スキャピラー・ジャイレイション

→ P.52

30回
四つんばいの状態からお尻をアップダウンし、スムーズに動かせる股関節に。

4 グロイン・クランプ
→ P.112

左右各**5〜10回**
太ももの前後を伸ばしながら、股関節まわりをほぐします。

3 サイ・ストレッチ
→ P.106

肩と股関節まわりがほぐれるとスッキリしますよ。

猫背を改善する

胸郭の前と後ろ、両面から働きかけて、下がった胸郭を
本来の位置に戻します。さらに肩甲骨まわりの筋肉も
活性化させて、猫背、巻き肩などを改善させましょう。

10 min

START

左右各5〜10回
呼吸に合わせて背骨を動かし、こり
かたまった背中をほぐしましょう。

1 マーメイド・ストレッチ
→ P.28

5回
胸を開き、ちぢこまったデコルテラ
インを気持ちよくリリースします。

2 スフィンクス
→ P.34

4 バック・サポート
→ P.66

5~10回
胸を開いた状態で、体を一直線にします。全身の筋肉を活性化させましょう。

デスクワークが
多い方にも
おすすめのプログラムです!

3 ラッツ・ストレッチ
→ P.44

1~3回
手とお尻を引き離すようにして体を伸ばし、肩甲骨まわりもストレッチします。

美脚ラインを育てる

キュッと上がったヒップ、スッと伸びたレッグラインに
欠かせない、お尻や太もものインナーマッスルに
フォーカスしたプログラムです。

15 min

START

1 クラム
→ P.108

左右各 **30** 回
横向きに寝た状態でひざを開き、お
尻のインナーマッスルを鍛えます。

お尻から足先まで
引き締めて
いきましょう！

2 サイド・レッグ・アダクター・リフト
→ P.110

左右各 **30** 回
脚を内転させる動きで、内ももの筋
肉を強化しましょう。

5 ヒップ・ツイスト
→ P.116

左右各10回
軸脚に重心をしっかりのせて、お尻のさまざまな筋肉に効かせましょう。

4 ペルビック・カール
→ P.130

1セット
太もも裏の筋肉をじっくり使うことで、ひざ下のラインを整えます。

3 アンクル・プル
→ P.124

20～30回
ひざ下の筋肉をしっかり使いながら、足首を曲げ伸ばしします。

監修 **PILATES YOGA &a**

プロのアスリートへの指導も行うピラティストレーナー・青山竜太を代表に、「学んで動く」をコンセプトにした、ピラティス＆ヨガスタジオ。解剖学の知識をベースに、ピラティスとヨガ両方のメソッドを通して、"幸せな状態をより永く"続けられる身体づくりをサポートしている。都内は北参道、自由が丘と神奈川は武蔵小杉の3スタジオを運営。
https://pilates-and-a.com/

実演 **西畑亜美**（にしはたあみ）

ヨガインストラクター、ピラティスインストラクター。2008年にヨガと出会い、インストラクターの道へ。その後自身のケガをきっかけにピラティスをはじめ、現在はヨガ×ピラティスのメソッドで骨格から身体を整えるレッスンを行う。イベントの講師やメディア出演でも活躍中。

STAFF

デザイン&DTP	monostore.co.ltd（柴田紗枝）
撮影	言美歩
イラスト	小野寺美恵、FUJIKO
ヘアメイク	高松由佳
校正	夢の本棚社
執筆協力	水本晶子
編集協力	株式会社スリーシーズン（土屋まり子）
編集担当	ナツメ出版企画株式会社（澤幡明子）

協力

re・Frame Conditioning Academy
First Academy
Pilates as Conditioning

衣装協力

Julier Yoga and Relax
TEL.03-5720-8256

本書に関するお問い合わせは、書名・発行日・該当ページを明記の上、下記のいずれかの方法にてお送りください。電話でのお問い合わせはお受けしておりません。
・ナツメ社webサイトの問い合わせフォーム
　https://www.natsume.co.jp/contact
・FAX（03-3291-1305）
・郵送（下記、ナツメ出版企画株式会社宛て）
なお、回答までに日にちをいただく場合があります。
正誤のお問い合わせ以外の書籍内容に関する解説・個別の相談は行っておりません。
あらかじめご了承ください。

ナツメ社Webサイト
https://www.natsume.co.jp
書籍の最新情報（正誤情報を含む）は
ナツメ社Webサイトをご覧ください。

はじめてのピラティス・レッスン

2023年9月1日　初版発行

監修者	PILATES YOGA &a	PILATES YOGA &a,2023
発行者	田村正隆	
発行所	株式会社ナツメ社	
	東京都千代田区神田神保町1-52　ナツメ社ビル1F（〒101-0051）	
	電話 03-3291-1257（代表）　FAX 03-3291-5761	
	振替 00130-1-58661	
制　作	ナツメ出版企画株式会社	
	東京都千代田区神田神保町1-52　ナツメ社ビル3F（〒101-0051）	
	電話 03-3295-3921（代表）	
印刷所	大日本印刷株式会社	

ISBN978-4-8163-7411-1
Printed in Japan
〈定価はカバーに表示してあります〉　〈落丁・乱丁本はお取り替えします〉